CUANDO SEA FELIZ

Mónica L. Esgueva

Cuando sea feliz

U R A N O
Argentina – Chile – Colombia – España
Estados Unidos – México – Perú – Uruguay – Venezuela

1.ª edición Febrero 2011

© 2011 *by* Mónica L. Esgueva
© 2011 *by* Ediciones Urano, S.A.
Aribau, 142, pral. – 08036 Barcelona
www.edicionesurano.com
www.mundourano.com

ISBN: 978-84-7953-769-2
Depósito legal: NA - 3.385 - 2010

Fotocomposición: A.P.G. Estudi Gràfic, S.L.
Impreso por Rodesa S.A. – Polígono Industrial San Miguel
Parcelas E7-E8 – 31132 Villatuerta (Navarra)

Impreso en España – *Printed in Spain*

«Espero que nunca pierdas tu capacidad de maravillarte
Que consigas tu parte de alimento pero conserves esa hambre
Que nunca des por sentado ni una de las respiraciones
Que Dios impida que el amor te deje con las manos vacías.
Espero que aún te sientas pequeño cuando te halles frente al
      océano
Siempre que una puerta se cierre, espero que otra se abra
Prométeme que lucharás por dar una oportunidad a la fe
Y cuando tengas la posibilidad de sentarte o bailar
Espero que bailes
Espero que bailes.

Espero que nunca temas aquellas montañas en la distancia
Y nunca te acomodes en el camino de menor resistencia
Vivir significa tentar la suerte, pero merece la pena hacerlo
Amar puede representar un error, pero merece la pena incurrir
      en él.
No permitas que ningún corazón deshonesto te deje amargado
Y cuando te acerques a la capitulación, reconsidéralo.
Presta atención a los cielos por encima de ti, no eches sólo un
      vistazo rápido
Y cuando tengas la posibilidad de sentarte o bailar
Espero que bailes
Espero que bailes.»

Canción de Lee Ann Womack

Índice

Parte III
Los cimientos del bienestar interior

Parte IV
Dirección hacia la felicidad

Este libro está dedicado:

A mi padre, por haberme enseñado a vivir sin miedo alguno y a sostener la firme creencia de que no hay nada imposible.

A mi madre, por haberme mostrado que siempre hay que ponerse del lado de los más débiles y estimularme a desarrollar mi fortaleza.

A los dos, por fomentar mi independencia de espíritu, por su apoyo, total confianza y amor incondicional en todo momento, especialmente en los más difíciles.

Introducción

En la Universidad de Wisconsin (Estados Unidos) se han estado llevando a cabo experimentos con cientos de personas con el fin de calibrar las emociones positivas registradas por el cerebro humano. Según las investigaciones, el hombre que logró puntuaciones más altas —desbordando los límites previstos por los científicos—, y ganándose así el título de «el hombre más feliz de la Tierra», es un monje budista llamado Matthieu Ricard.

De origen francés, educado en el seno de una familia de artistas e intelectuales, y doctorado en genética molecular, hace treinta años decidió abandonar su vida acomodada pero insatisfactoria para dedicarse a la búsqueda interior y espiritual. Tuve la suerte de conocer a esta excepcional persona, y a la vez extremadamente sencilla, en su monasterio nepalés de Shechen, donde me enclaustré durante varias semanas para empezar a escribir este libro que hoy tienen en sus manos.

Matthieu carece de muchos bienes que solemos considerar imprescindibles según los ideales convencionales: no tiene casa propia, ni dinero, ni pareja, y sin embargo irradia alegría y contento. Vive en una pequeña habitación como la del resto de los monjes, ha renunciado a las posesiones materiales (dona los beneficios de sus reputados libros a una organización filantrópica creada por él mismo para ayudar a

proveer de escuelas, orfanatos y hospitales a los más despro-
tegidos en varios países asiáticos), y se retira a una choza en
los Himalayas a meditar tres meses al año. Resulta paradójico que un hombre en estas circunstancias sea tan feliz.

Su ejemplo me hizo dudar de muchas premisas comúnmente aceptadas, y la pregunta que se me repetía insidiosamente era: ¿Vamos a esperar a tener todo bajo control y que nuestra vida sea perfecta según nuestros cánones, o nos vamos a permitir la posibilidad de ser felices, aquí y ahora, exactamente donde estamos ubicados, con lo que poseemos, con lo que nos rodea, con nuestros retos e incomodidades?

Nuestra cultura se caracteriza por la acción, la productividad y la distracción. No hay momentos para la reflexión, la escucha, el crecimiento, ni la poesía vital. En este paradigma actual no nos concedemos el tiempo necesario para integrar los desafíos, no parece que encontremos los mecanismos para superar las dificultades de manera sana; no apreciamos la belleza que nos rodea ni las bendiciones con las que contamos. Ciframos nuestros éxitos en los bienes materiales y en los títulos, vivimos de cara a la galería, padecemos desasosiego y una enorme insatisfacción interna que no somos capaces de colmar por mucho que lo intentemos.

La infelicidad no es una inevitable condición humana como muchos sostienen, resignados. No es una maldición caída del cielo ni de los infiernos, ni un mal general ineludible. Es sólo una emoción creada por el cerebro humano a través de acciones mentales específicas, de interpretaciones negativas y derrotistas de los acontecimientos que nos toca vivir y que nos perturban en cuanto difieren de las ideas preconcebidas que albergamos sobre la apariencia que ha de

tener nuestro presente y futuro. Nada está dotado de significado intrínseco, ni siquiera los traumas o las mayores desgracias. Tenemos numerosos ejemplos que nos lo demuestran: personas que nacen con una cuchara de plata en la boca
pero se arrastran agonizantes sin poder disfrutar de lo que
les ha sido regalado por el destino, sin conocer jamás complacencia alguna; mientras otros menos afortunados, gol-
peados por las adversidades más terribles son capaces de levantarse, curarse las heridas y, enriquecidos por las pruebas
a las que han tenido que enfrentarse, dedican sus vidas a ins-
pirar a otros. ¿Podemos pues estar seguros de que las circunstancias externas son las que determinan la dicha que se
nos permite experimentar? ¿Es la felicidad un territorio ve-
dado al que sólo pueden acceder unos cuantos elegidos, ben-
decidos por no se sabe bien qué ley divina o humana que les
concede la gracia de que la vida les sonría de forma continuada y permanente?

Resulta cómodo culpar a otros de nuestras miserias y
frustraciones: los padres que no me amaron lo suficiente, el
entorno negativo, la empresa que me despidió, el esposo que
me engañó, los hijos hiperactivos, el socio que me traicio-
nó... Mientras no tomemos responsabilidades sobre cómo
nos sentimos, cómo valoramos los hechos externos y cómo
podemos cambiar las percepciones gracias al adiestramiento
de nuestra mente, seguiremos siendo prisioneros de las circunstancias, los vientos y las inevitables tempestades, sin
percatarnos de que hemos escondido la llave de nuestra propia cárcel.

Aunque muchos hemos terminado por automatizar el
proceso de interpretación de los hechos externos, la capacidad de decidir dónde ponemos nuestro foco de atención y
cómo nos sentimos sigue estando en nosotros, y por lo tanto

podemos elegir modificarlo en cualquier momento. Lo cierto es que el nivel de felicidad está más relacionado con la compresión que desarrollamos, el etiquetado de las experiencias que nos llegan, el manejo y la expresión de las emociones que nos invaden, nuestro grado de egocentrismo, la serenidad y la flexibilidad que cultivamos, que con los hechos que acontecen y que en ocasiones no podemos eludir, aunque venderíamos nuestra alma por cambiarlos. ¿Cuánto deberemos sufrir aún hasta que empecemos a modificar los hábitos que no nos benefician y nos hagamos cargo de nuestros propios sentimientos?

Podemos pagar a otros para que limpien nuestra casa, nos hagan la declaración de la renta, nos enseñen inglés y nos operen. Podemos permitirnos un buen masaje, incluso sexo o un viaje psicodélico con drogas por un puñado de euros, todo para conseguir un atisbo de ese éxtasis que se nos antoja resbaladizo en la vida diaria. Podemos conspirar para imponer nuestra voluntad, manipular para prosperar en la empresa, acceder a puestos de poder con el fin de que nos obedezcan. Pero nadie nos puede hacer felices. Hemos de tomar nosotros mismos la responsabilidad; tenemos que crecer psicológicamente si queremos responder a la vida como personas maduras y auténticas. No existen atajos por mucho que nos quieran convencer de ello. No hay que olvidar que el ser humano está diseñado para la supervivencia, pero no para la felicidad, por lo que si éste es nuestro objetivo, hay que ponerse manos a la obra con dedicación y denuedo.

Este libro está escrito para aquellos que decidan concederse la oportunidad de explorar una visión alternativa, para los que consideran que alcanzar la felicidad y la paz interior no es un lujo para unos pocos elegidos, sino algo tan importante que merece la pena adiestrar la mente para poder así recoger los frutos de un bienestar interno que nada ni nadie pueda arrebatarnos, y no nos ocurra como a Jorge Luis Borges, quien afirmó: «He cometido el peor pecado que uno puede cometer. No he sido feliz».

Desgraciadamente, no creo que haya fórmulas mágicas ni atajos para llegar, sino que la senda se va construyendo y fortaleciendo a medida que nos involucramos en ello de manera contumaz y consciente. Recordando las palabras que Anne Frank, con quince años, escribía en sus famosos diarios en 1944 mientras se escondía de los nazis: «Contamos con muchas razones para esperar gran felicidad, pero tenemos que ganárnosla. Y eso es algo que no puedes conseguir tomando la salida fácil».

PARTE I
LA TRANSFORMACIÓN
DEL SUFRIMIENTO

«En la vida hay sufrimiento, así como derrotas. Nadie los puede evitar. Pero es mejor perder alguna de las batallas en la lucha por tus sueños que ser derrotado sin ni siquiera conocer por lo que estás luchando.»

PAULO COELHO

La experiencia del sufrimiento es un hecho fehaciente que la vida revela, incluso a los más afortunados. Muchos de nosotros intentamos agazaparnos, escondernos detrás de nuestras posesiones con el fin de comprar un seguro que nos liberará del dolor. ¿Es esto posible? Cuando alguien sufre tiende a exclamar: «¡Por qué tuvo que ocurrirme esto!», recelando del sinsentido del mal y consternado por su (mala) suerte. El caso es que nadie se pregunta: «¿Por qué tuvo que pasarme esto a mí?», cuando gana un premio con la lotería. De algún modo, sentimos que el bienestar nos corresponde.

El sufrimiento se agudiza además por la resistencia y miedo que tenemos al dolor. Lo pasamos peor por la congoja que nos embarga, por la autocompasión de vernos afectados ante una situación difícil, por la injusticia de la que nos sentimos objeto. El dolor abarca, por supuesto, el físico, pero también el moral: el padecimiento debido a la impotencia y a la frustración. Para Buda el sufrimiento consistía en «nacer, envejecer, enfermar, estar atado a lo que uno detesta, apartarse de lo que uno ama, no poder gozar de lo que uno desea». Si bien no es posible evitar el dolor en ciertos momentos, el sufrimiento sí.

En la sociedad del bienestar occidental en la que estamos inmersos, los avances de la medicina y las imágenes publicitarias contribuyen a convencernos de que el dolor no forma parte de las vicisitudes de la vida; si sufrimos es porque nos encontramos en el lado menos afortunado de la barrera, y nos culpamos por haber fracasado. Parece como si hubiéramos sido relegados en el reparto del Universo y de algún modo no nos hubiera tocado la parte privilegiada que merecíamos. No forma parte de los parámetros habituales por los que nos regimos, no lo toleramos; lo rechazamos, le damos la espalda, no podemos soportar que nos hieran las espinas de la vida. En ocasiones vivimos acelerados, rodeados de objetos, distraídos con actividades de diversa índole, despistados con el ruido exterior para no asumir ese dolor como parte inexorable de nuestras vidas. Sin embargo, negarlo no es superarlo, y ello constituye una de las mayores causas de los problemas mentales. Los traumas aparecen como consecuencia de ese rechazo, acarreando ansiedad, angustias e incluso depresiones. La solución no radica en la huida —aunque ésta sea hacia delante—, porque soslayar el sufrimiento y tratar de olvidarlo sólo aporta un breve reposo, pues siempre está ahí a un nivel profundo y latente. La clave es la trascendencia del mismo mediante la toma de conciencia.

En nuestros tiempos, las grandes religiones mundiales sufren de anemia progresiva, ya que millones de personas han perdido la fe en ellas. Tales personas ya no entienden la religión de sus mayores. Mientras la vida se desliza suavemente sin espiritualidad, la pérdida permanece tan aceptable como inadvertida. Pero cuando aparecen las amarguras, las cosas cambian. Es entonces cuando la gente comienza a buscar una salida y a reflexionar acerca del significado de la vida y sus turbadoras y penosas experiencias.

En los países menos desarrollados económicamente, el dolor se toma como algo consustancial al ser humano al encontrarse éste muy presente, y ante el cual se reacciona de manera menos dramática, con mayor tolerancia y coraje. Por ejemplo, en Nepal, desde donde estoy escribiendo estas páginas, no tienes más que poner los pies en la calle para comprobar la exactitud de esta afirmación. Un adolescente con signos evidentes de haber padecido la polio que utiliza las manos para desplazarse, un viejecito sin dientes que tiende la mano sentado en el barro y la mugre, una madre que azuza a unos niñitos para que pidan a los transeúntes... El dolor aquí es intrínseco a la existencia y resalta de manera palpable. En nuestra sociedad por lo contrario se oculta, se disimula, se ignora. Así resulta imposible liberarse de él. Nietzsche decía: «No hay razón para el sufrimiento, pero si éste llega y trata de meterse en tu vida, no temas; míralo a la cara y con la frente bien levantada». En efecto, sin una actitud valiente es imposible progresar. En una de sus canciones, Leonard Cohen menciona algo profundamente sabio que todos deberíamos recordar cuando las circunstancias vitales se vuelven cuesta arriba:

«Hay una grieta, una grieta en todas las cosas.

Es así como la luz entra.»

Algunas religiones anunciaron el dolor como representación del castigo que infligen los dioses, análogo al castigo del padre al hijo para que aprenda. Como comentaba antes, en nuestra cultura se piensa más bien que es un desvío, un descuido en la autopista del placer. Para la filosofía china, placer y dolor son dos caras opuestas de una misma moneda que rigen la armonía de todo lo existente, y que se simbolizan en las dos energías complementarias: el yin y el yang. Sufrimos porque hemos gozado, no como castigo por haber gozado. Lao-Tse dijo: «Sólo reconocemos el mal por comparación con el bien». Es decir, es un signo natural de la dualidad en la que nos movemos. Los opuestos son tan heterogéneos como el día y la noche, pero el punto esencial es que sin la noche no seríamos ni siquiera capaces de reconocer lo que llamamos día. Destruir lo negativo consiste al mismo tiempo en destruir toda posibilidad de disfrutar de lo positivo. Es por ello que, cuanto más éxito tenemos en lo que llamamos progreso, más fracasamos en extirpar los aspectos menos deseados de la existencia y, en consecuencia, más aguda se vuelve nuestra frustración. La raíz de la dificultad se halla en nuestra tendencia a contemplar los opuestos como irreconciliables, totalmente separados entre sí, disociados el uno del otro. Y, sin embargo, son inseparables, comparten una identidad implícita y son mutuamente interdependientes al ser incapaces de existir el uno sin el otro. Al examinarlo de este modo, es obvio que no hay dentro sin fuera, despertar sin dormir, cielo sin tierra, placer sin dolor, vida sin muerte. El sufrimiento es el encargado de liberarnos de los engaños, y sólo estando expuesto a él se puede alcanzar la felicidad.

Algunos filósofos radicales propusieron en el pasado exterminar el placer para evitar el dolor, pensando que al no gozar también dejaríamos de sufrir. Pero ¿realmente podemos escapar de esta fuerza conmovedora que es capaz de arrastrarnos y arrasar todo a su paso, cual ciclón impetuoso caribeño?

Muchos de los males que nos aquejan son inevitables y con frecuencia se hallan fuera de nuestro alcance: muere un ser querido y no pudimos hacer nada por evitarlo, nos echan del trabajo de la noche a la mañana, nuestra esposa se enamora de otro y nos abandona… ¿Quién se encuentra al resguardo de estos acontecimientos?

Se cuenta que una mujer que acababa de perder a su hijo se acercó a Buda pidiéndole un milagro que le devolviera a la vida, incapaz de soportar su pena. El Maestro le aconsejó que aportara un puñado de tierra de una casa que jamás hubiera sido tocada por la muerte. La mujer llamó a cada puerta y obtuvo siempre la misma respuesta… entonces volvió a Buda con la lección aprendida, al darse cuenta de que todas las casas habían pasado por un duelo. Tras lo cual, él la confortó con palabras de amor y sabiduría. De hecho, el primer discurso que Buda pronunció tras haber alcanzado la iluminación, hizo alusión a este tema, pues lo consideraba fundamental para el ser humano. Él explicó que el dolor, o la frustración crónica, son innatos al ser humano. En otras palabras, pasamos nuestro tiempo intentando resolver problemas irresolubles, dibujar un círculo cuadrado, tener luz sin oscuridad, bañarnos sin mojarnos, amordazar la realidad para siempre. Afortunadamente, este Maestro no sólo enunció el problema sino que propuso también una solución, la que constituiría la base de toda su filosofía.

1

Encontrar sentido al sufrimiento

> «Las cualidades positivas reflejan la verdadera y básica naturaleza humana… Incluso durante el sufrimiento intenso puede existir la dignidad y la belleza; incluso en los momentos de destrucción y persecución puede haber esperanza.»
>
> MATTHIEU RICARD

Pensemos en una de las peores atrocidades por las que puede pasar un ser humano: estar confinado en un campo de concentración. Que éste se encontrara en la ex Yugoslavia, en la Camboya de Pol Pot, en los campos de «trabajo» rusos o en la Polonia nazi es lo de menos. Por desgracia, son demasiados los ejemplos reales a los que podemos remitirnos. Me gustaría citar aquí las vivencias del psiquiatra vienés Viktor Frankl. Este doctor pasó tres años en los campos de concentración de Auschwitz y Dachau. Los horrores por los que pasó fueron considerables, como los de sus compañeros de infierno. Las posibilidades de sobrevivir eran de una sobre veintiocho, tal como demostraron las estadísticas con posterioridad. Él cuenta en su libro *El hombre en búsqueda*

de sentido cómo observó la siguiente paradoja: prisioneros
de complexión más frágil sobrevivían a otros de naturaleza
aparentemente más sólida. ¿Cuál era la razón? Los de cons-
titución física más débil —aunque sufrían igualmente los
maltratos y suplicios—, conseguían mantenerse más prote-
gidos en su fuero interno gracias a una disposición psicológica y espiritual más sólida. Bajo el sometimiento continuo y
el desprecio de la dignidad de la vida humana, los allí hacinados se veían confrontados a una lucha interna para no
perder los valores, el respeto hacia sí mismos e incluso la libertad interior; algo harto complicado al encontrarse bajo el
yugo de un grupo bien entrenado en la tortura y el sadismo.
A pesar de las terribles condiciones, Frankl cita ejemplos de
personas que eran capaces de confortar a otros olvidándose
de sí mismos, sacrificándose hasta el punto de compartir su
último pedazo de pan. Éstas y otras experiencias límite demuestran que a una persona se la puede despojar de todo
menos de la libertad de elegir su actitud. Lo determinante es
cómo el hombre acepta su destino (así como las dificultades
que conlleva) y su manera de enfrentarse con las sombras
ineludibles, pudiendo tomar los retos como oportunidades
para añadir una razón más profunda a la vida. Uno puede
convertirse en un animal en su afán por sobrevivir a cualquier precio o en un ser dignificado gracias a sus valores morales. Sólo esto determina si al final su sufrimiento cobra algún significado o no.

Un caso de extremo padecimiento lo ejemplifica el monje
tibetano Palden Gyatso, quien pasó treinta y tres años en
prisión bajo las órdenes chinas tras la invasión de su país. El
setenta por ciento de sus compañeros perecieron en la cárcel
a causa del hambre, las torturas y los trabajos forzados. Él
cuenta que lo que le dio la fuerza suficiente para sobrevivir

todos esos años fueron sus valores espirituales y las ganas de contar al mundo lo que estaba pasando en el Tíbet; a pesar de las vejaciones, su mente se mantuvo lúcida gracias a la práctica budista y la esperanza permanente.

Como el doctor Frankl señaló: «El prisionero que perdía la fe en el futuro —su futuro— estaba condenado. Con su pérdida de confianza en el futuro también perdía su sujeción espiritual; se permitía a sí mismo declinar y convertirse en objeto de decadencia mental y física»; lo que generalmente suponía la muerte inminente. También apuntaba Spinoza algo similar: «La emoción, la cual es sufrimiento, cesa de serlo tan pronto como nos formamos una imagen clara y precisa de la misma». Es decir, cuando somos capaces de comprender e intentamos sobrepasar el instante de aflicción, también encontramos la fuerza para superarlo.

El profesor de la Universidad de Milán, Fausto Massimini, recogió numerosos casos de personas afectadas por importantes minusvalías. Sus estudios revelaron que un gran porcentaje de víctimas de accidentes, que terminaron en silla de ruedas, expresaron que este obligado cambio había sido el más negativo y también el más positivo de sus vidas porque les había enseñado a desarrollar un propósito vital, reduciendo el espacio dedicado a elecciones intrascendentes. El profesor menciona muchos ejemplos, entre otros el de un invidente que llega a ser maestro de ajedrez, un parapléjico que consigue ser campeón de tiro con arco, un directivo que tras múltiples traspiés elige malvivir en la calle para encontrarse a sí mismo y también a Dios…

Un gran infortunio puede cortar de raíz los proyectos de vida, destruyendo a la persona, forzándola a utilizar su energía psíquica para erigir una barrera alrededor de las metas restantes, intentando defenderse de las inclemencias; o bien, estimularla para concentrarse en vencer los desafíos creados por la desilusión. Si se toma este camino, la tragedia no resulta necesariamente un deterioro de la calidad de vida. Incluso en el caso extremo de la pérdida de una facultad básica del ser humano como puede ser la vista, no significa que la conciencia de la persona haya de empobrecerse. La pregunta inevitable es: ¿Cómo es posible que el mismo golpe pueda destruir a una persona y transformar a otra en alguien mejor? ¿Cómo el mismo acontecimiento desfavorable puede hacer a una persona completamente desgraciada mientras que otra es capaz de tragarse la bala y aprovechar la ocasión como un reto positivo?

La capacidad de transformar la tribulación en algo beneficioso es un don poco común, aunque en el fondo de cada uno de nosotros se esconda un Ave Fénix capacitada para resurgir de las cenizas que dejan las crisis. De hecho, la mayoría admiramos a las personas que se han enfrentado con la adversidad y el sufrimiento, y han sido capaces de remontar y salir adelante con ánimo y entereza. El auténtico poder interno no se puede adquirir sin enfrentarse a elecciones que nos exijan y nos pongan a prueba.

Las investigaciones que se han realizado demuestran que, dejando aparte la congoja prolongada ocasionada por la pérdida de un ser querido o la ansiedad producida por un grave trauma (como los terrores de la guerra, una violación o los abusos a menores), estas tragedias no constituyen por sí mismas causas de depresión permanente. Los pacientes que se someten a diálisis de riñón reconocen que su salud es deficiente, y aun así dicen sentirse tan saludables y contentos en sus experiencias diarias como si no padeciesen enfermedad alguna. Del mismo modo, cuando a una persona le comunican que es portadora del VIH, su mundo parece desplomarse. Pero lo cierto es que, después de varias semanas, las personas que han dado positivo acostumbran a sentirse emocionalmente menos angustiadas y más dispuestas a adaptarse a la nueva situación. Quienes preparan oposiciones y no las aprueban, al ser consultados a posteriori, no se sienten menos felices que aquellos que sí consiguieron plaza. Asimismo, las rupturas sentimentales parecen arruinar la vida en el momento en que suceden, y sin embargo suponen una liberación con el tiempo. Esto se extiende a la mayoría de las crisis. Cuando la vida se pone cuesta arriba y nos obliga a enfrentarnos a situaciones imprevistas, podemos percibirlo como algo muy negativo porque van acompañadas de desorientación y dolor —lo cual nos conduce al hundimiento— y, o bien tratamos de ignorarlas, o bien las tomamos como una oportunidad para replantearnos nuestros objetivos y prioridades. No en vano los chinos representan la palabra «crisis» con dos caracteres: uno de ellos significa «peligro», y el otro «oportunidad». Aunque todos apreciamos la estabilidad y la seguridad, y los cambios profundos nos contrarían y desconciertan, es obvio que también pueden ser un regalo para superarnos, reconstruir una nueva versión de la realidad y desarrollar nuevas habilidades.

Las probabilidades que tenemos de que todas nuestras ambiciones se vean cumplidas son mínimas. Tarde o temprano hemos de enfrentarnos a coyunturas que contradicen nuestros fines: desilusiones, enfermedades, reveses financieros, pérdidas, e inevitablemente nuestra propia muerte. Cada uno de estos hechos ineludibles es causa de desorden mental, que tiende a traducirse en sufrimiento. Pueden desencadenar estancamiento en el crecimiento personal; o, por el contrario, con perseverancia, valentía y ganas de transformación se traducirá en una vida más plena y rica. A través del cambio en nuestras mentes podemos transformar una pesadilla en un lugar habitable.

La frase de Nietzsche: «Quien tiene un porqué para vivir puede soportar casi cualquier cómo», ilustra las razones por las cuales se puede encontrar un significado al sufrimiento, incluso cuando la situación parece desesperada y nos enfrentamos a un destino ineluctable. En esos instantes somos capaces de contemplar el potencial propio en sus mejores aspectos: transformar una tragedia personal en un triunfo y comprobar cómo hasta un conflicto se puede convertir en un éxito. Entonces se llega al punto de atisbar un cambio radical; las cosas que hasta un segundo antes parecían arbitrarias adquieren un sentido profundo, se simplifican y al mismo tiempo se ahondan inexorablemente.

El fracaso precede al éxito, dice el maestro espiritual Lee Lozowick. Desde luego, preferiríamos que fuera de otro modo, pero la realidad es que el ser humano a menudo aprende más del dolor que del placer, y las lecciones más importantes, así como los triunfos más significativos que experimentamos muchas veces, surgen al otro lado del desengaño y la decepción.

Comprender intelectualmente las posibilidades inherentes al fracaso, la frustración y la desilusión no siempre hace más fácil enfrentarse con la realidad, pero saber que se trata de un paso común y un pasaje necesario en cualquier existencia, aporta una cierta tranquilidad y unas dosis de ánimo.

La sorprendente realidad es que sobreestimamos el impacto emocional de las malas noticias e infravaloramos nuestra capacidad de adaptación. Asimismo, cuando carecemos de la capacidad de transmutar una situación límite nos encontramos ante el desafío de cambiarnos a nosotros mismos.

Recuerdo la historia de un compañero de universidad. Su hermano menor murió en un accidente de moto a los diecisiete años. Sus padres quedaron destrozados, y durante meses ambos estuvieron sumidos en una profunda depresión. Hasta que decidieron llevar a cabo una acción con el fin de ayudar a otros adolescentes que, como su hijo fallecido, destacaran por sus dotes musicales y carecieran de los medios suficientes para estudiar en el conservatorio. Gracias a la organización que fundaron, un buen número de chicos y chicas han podido convertir sus sueños en realidad, porque en vez de ahogarse en la desgracia, estos padres la utilizaron como revulsivo para ayudar a otros jóvenes.

Un caso notorio de transformación de una tragedia personal lo constituye Carl Gottfried, el padre de la medicina oncológica en Alemania. La felicidad de su infancia se vio truncada por la muerte de su madre antes de que él cumpliera diez años, quien falleció víctima de un cáncer tras soportar grandes sufrimientos. El niño podía haber sentido lástima de sí mismo o haber adoptado una actitud cínica como defensa. En su lugar, comenzó a tomar la enfermedad como el adversario a vencer, de tal modo que se preparó para convertirse en médico y posteriormente en investigador del cáncer. Gracias a sus descubrimientos se ha progresado globalmente en el conocimiento de las causas que ocasionan este mal.

Por supuesto, no hay que sufrir para encontrar significado a la existencia; hacerlo sería puro masoquismo. Sin embargo, en los casos en los que el dolor es inevitable y no podemos librarnos de sus causas psicológicas, biológicas o sociales, nos vemos en la tesitura de aceptarlo. Independientemente de nuestras creencias religiosas o espirituales, desafiar la realidad es de locos, nos suele causar grandes tensiones y frustraciones, abocándonos a la pérdida de equilibrio interno. Al aceptar lo que nos ocurre, en lugar de ceder a la apatía o a la desesperanza, recuperamos la fuerza necesaria para actuar, para buscar soluciones, para enfrentarnos a lo que sucede de la manera más apropiada. Cuando nos vemos asaltados por dificultades, inmediatamente sentimos la acuciante necesidad de rechazarlas y de rebelarnos. Aquí la actitud más sana a seguir es admitirlo con energía y sin recelos, al margen de que lo aprobemos o condenemos, pues sólo al observarlo sin resistencia podemos eliminar la confusión de la lucha interna. Nadie quiere pasar por situaciones críticas, pero si se presentan, ¿qué utilidad tiene pelearse mentalmente con ellas?

Aunque pueda parecer contradictorio, una vida de placer constante predispone a la frustración. Muchos padres cometen la equivocación de proteger demasiado a sus retoños para librarles de cualquier padecimiento o adversidad, sin advertir que ese exceso les perjudica y les prepara deficientemente para la vida real, y cuando los obstáculos llegan son incapaces de enfrentarse a ellos y superarlos. Una vida fácil nos aleja de la posibilidad de hallar los recursos imprescindibles para sobrevivir en este mundo imperfecto donde, por desgracia, abunda el dolor. Si miramos a nuestro alrededor percibimos que las personas que han estado enfermas cuidan más su salud, los que han crecido en un entorno de escaseces económicas valoran más el dinero, así como los que han sufrido muchos reveses se convierten en personas más sensibles y compasivas. Jung afirmaba: «Sólo el médico herido puede sanar». Sin haber pasado por aprietos es prácticamente imposible aprender a ser paciente, reconocer el mérito del esfuerzo y la tenacidad, o ser tolerante con los defectos de los otros. Sin haber conocido experiencias ingratas es harto complicado comprender la pena ajena, sin haber tropezado en el camino y haber sabido resistir resulta dificultoso perfeccionar la capacidad de posponer la gratificación, y sin atravesar la noche oscura del alma es improbable que apreciemos el brillo de la luz del sol. El sufrimiento nos humaniza, nos hace profundizar en nuestras cualidades interiores, nos impele a superarnos.

No envidio a la gente que llega a los cuarenta sin haber pasado por situaciones delicadas de sufrimiento o fracaso, ya que a lo largo de la vida se darán en algún momento y no estarán capacitados para superarlas por falta de preparación. Del mismo modo que las enfermedades infecciosas infantiles (paperas, sarampión, varicela…) preparan el sistema inmunitario del niño para el futuro, pasar por aprietos de joven entrena para la vida real.

Quizás ésa es una de las razones por la cual la tasa de suicidios entre los adolescentes sea relativamente alta hoy en día. A los jóvenes de la sociedad del bienestar se les está malcriando para compensar las ausencias paternas o para evitarles las insuficiencias y penurias que soportaron sus padres. Desde fuera se les promete una vida exenta de problemas, y cuando chocan con una realidad diferente se sienten confundidos, desesperanzados, perdidos. Sin haber cultivado la capacidad de tolerar un cierto nivel de frustración y haberse enfrentado a reveses, muchos sufren graves desajustes psicológicos y otros no ven salida alguna salvo dejar de vivir.

Hace años se llevó a cabo un experimento en una granja con pollos que estaban dentro del cascarón intentando salir. A algunos se les ayudó a romperlo para facilitarles la dificultosa tarea de nacer. Los resultados fueron sorprendentes. A aquellos a los que se les asistió, apenas vivieron unos días; se comprobó que habían sido incapaces de desarrollar por sí mismos la fuerza necesaria para combatir los primeros obstáculos, lo que les sería imprescindible para su supervivencia. Ocurre lo mismo con los humanos. Aquellos no acostumbrados a enfrentarse con complicaciones a menudo se derrumban ante el más ligero contratiempo.

Las primeras adversidades son con frecuencia las que más afectan. Quienes han sufrido infortunios suelen demostrar mayor firmeza y valentía. Con los años llegamos a adquirir cierta capacidad para defendernos de la angustia y los laberintos de la desesperación, aunque jamás nos hagamos insensibles por ello ni padezcamos con menor intensidad.

Los obstáculos tienden a ser vividos a nivel exterior como si algo o alguien se hubiera empeñado en herirnos, obstruyendo la paz y armonía que creíamos nos pertenecía. Nos sentimos decepcionados, magullados, confundidos, agredidos. A nivel interno lo que nos ataca es nuestra propia confusión, nuestra necesidad de protegernos de la posibilidad de ser alcanzados por las lacras de este mundo. Nos agradaría que esta nueva (y dura) situación desapareciera pronto. La realidad es que las experiencias dificultosas no se evaporan hasta que nos hayan transmitido una enseñanza, y cuanto más nos resistimos contra ellas, más persisten.

No hay más remedio que aceptar que en esencia esta vida está plagada de retos. A veces éstos son dulces y otras, amargos. Estar completamente vivo, ser completamente humano, y permanecer completamente alerta significa mantenerse abierto; escaparse no constituye nunca la salida hacia un final feliz. Sin integrar estas condiciones inherentes pasaremos nuestro tiempo luchando contra molinos de viento con el convencimiento de que son peligrosos gigantes, malgastando nuestras energías buscando insistentemente el santo grial en los lugares más inauditos, sin percibir que está dentro de nosotros.

Tememos tanto el sufrimiento que nos hemos convertido en expertos en su negación y en el arte de escondernos del mismo. Cuando algo nos lastima, disimulamos nuestro dolor ante los demás o rápidamente recurrimos a las pastillas milagrosas que lo mitiguen. Hemos de tomar conciencia de nuestra adicción a la evasión. Una y otra vez tomamos lo que tengamos a mano con tal de distraernos y bloquear esa molesta sensación que no somos capaces de dominar. A veces, cuando inevitablemente se presenta el malestar, la huida nos impide también aprender la lección. ¿Conocemos los efectos secundarios y los perjuicios provenientes de nuestra insistente medicación contra los disgustos? Posiblemente uno de ellos sea que nuestra capacidad de sentir se vea menoscabada. Nos anestesiamos a cambio de perder nuestra humanidad y suspender nuestras emociones. Es como si tuviéramos que cortarnos la cabeza para no volver a sufrir migrañas.

Exceptuando la ira, la mayoría de los humanos nunca ha aprendido el lenguaje de las emociones, ya que no solemos permitirnos que los sentimientos afloren. Es algo que incomoda porque no sabemos cómo manejarlos ni transformarlos. Y en ese caso es preferible aniquilarlos. Al mismo tiempo, si nos protegemos contra las sensaciones más difíciles, también lo hacemos contra la dicha y la alegría. Como decía un amigo mío recientemente: «Mi meta ahora es no pasar por momentos bajos; si para ello debo renunciar a los altos, lo haré. Prefiero permanecer en la línea neutral que me asegura que no padeceré grandes sufrimientos». Ésta es desde luego una opción. Pero, ¿no es una pena vivir la película en blanco y negro, perdiendo la infinidad de matices del color?

La madurez aporta profundidad, abrirse al manantial burbujeante de lo que significa ser humano, y nos permite advertir las sutiles indicaciones, los detalles relegados de nuestro pasado que entonces nos pasaron desapercibidos pero ahora cobran importancia. Nos pasamos los años escondiendo nuestra fragilidad, tratando de disimular con las apariencias nuestras heridas, si bien las vivencias que nos marcan y nos han convertido en lo que somos hoy provienen de un mundo decadente, imperfecto, y que nos ha hecho sufrir. Esto no implica el éxodo a la isla de los sueños; sin aceptar el mundo es imposible transformarlo ni crecer. Sin ser capaces de amalgamar la comprensión y la insumisión frente a la injusticia es imposible crear una tierra mejor. Sin mantener una coherencia con nuestras actitudes no se puede pedir lo que no podemos ofrecer. Sin pruebas es imposible ahondar en nuestra alma, pues las lágrimas preparan el terreno para que nazcan nuevas semillas. El tiempo y la sabiduría ayudan a cerrar los abismos que median entre los hechos y las esperanzas para dar paso a un nuevo entendimiento y un amanecer que irá arrojando luz donde sólo había sombras.

2

La filosofía estoica

«Un hombre es tan desdichado como se ha convencido
que es.»

SÉNECA

Muchos de los males decisivos que nos aquejan son inevitables y se hallan fuera de nuestro control. Nuestro hijo enferma de leucemia, nuestro padre muere de cáncer, la empresa para la que trabajamos realiza una fusión y prescinden de personal —e irremediablemente nos salpica—; en cualquiera de estos casos no pudimos hacer nada para evitarlo. Es por ello que los estoicos subrayan la necesidad de aceptar las circunstancias adversas. No se trata de la conformidad pasiva del que se resigna, sino de una aceptación valiente; simplemente hemos de soportarlo y reservar nuestra energía para intentar lidiar con aquellos males que en principio podemos evitar.

Por lo tanto, esta corriente filosófica divide los problemas en dos: los que podemos resolver y aquellos que están fuera de nuestro alcance. Respecto a estos últimos, lo esencial es mentalizarnos e intentar que nos afecten lo menos posible. En otras palabras, la aceptación valerosa de la pena, las complicaciones, la angustia y los miedos como una parte ineludible de la vida, como la otra cara de la alegría, el gozo y la tranquilidad. Epicteto preconizaba: «No busques que los acontecimientos sucedan como tú quieres; sino desea que, ocurran como ocurran, tú salgas bien parado». El jugador no elige las cartas que le tocan en suerte, si bien debe mostrar pericia en el juego para poder ganar; una mano puede no ser muy favorable, pero en la siguiente el azar podría alterar la partida. Citando de nuevo a Frankl: «Si no está en tus manos cambiar una situación que te produce dolor, siempre podrás escoger la actitud para afrontar ese sufrimiento». En realidad, si lo pensamos seriamente, sufrimos menos por aquello que nos sucede que por la forma en que lo hemos valorado.

El Dalai Lama tuvo que huir del Tíbet en 1959 cuando los chinos invadieron su país, poniendo en peligro su vida en el intento. Lo que podría haberse convertido en una tragedia constante, y en consecuencia verse abocado a una vida de amargura y resentimiento —como líder temporal y religioso de un país ocupado y sometido—, él lo ha encarado con un talante optimista, llegándose a sentir según sus propias palabras «ciudadano del mundo», en lugar de un exiliado y refugiado permanente, adscrito a un odio sin fin.

No nos alegramos ni entristecemos pues por los acontecimientos en sí mismos, sino por lo que representan para nosotros a través de las apreciaciones que realizamos. Contemplamos el mundo subjetivamente a través de las gafas que nos ponemos. Nos hemos pasado años tratando de modificar la imagen proyectada (las circunstancias) en lugar del proyector (es decir, nosotros mismos), por eso la vida nos parece tan caótica. Lo increíble es que hayamos continuado haciéndolo durante tanto tiempo y aún no nos percatemos que es una estrategia condenada al fracaso.

Los estoicos explican que si cultivamos la virtud siendo justos, llevando una vida de respeto hacia los demás y apoyando a los que nos necesitan, si poseemos la inteligencia práctica y actuamos adecuadamente en cada momento, si somos valientes y podemos escapar del yugo de los instintos, si desarrollamos nuestra capacidad de vencer el miedo y logramos soportar la adversidad, si somos moderados y no compramos placeres al precio de desdichas, si somos humildes y adquirimos la conciencia de nuestros propios límites, entonces podremos ser felices siguiendo el modelo del sabio que, poseyendo virtud y autonomía, vive una vida dichosa sin que nada ni nadie pueda arrebatarle este sentimiento interior. Como el ejemplo del famoso filósofo Estilpón, cuando su ciudad fue asaltada poco después de haber perdido a su mujer e hijos, el rey le pidió por escrito que enumerara lo que le habían quitado durante el saqueo de sus propiedades, a lo que Estilpón contestó: «Yo nada he perdido, pues nadie me ha quitado mi ciencia y poseo aún toda mi elocuencia y erudición».

Séneca afirmaba que todos los hombres quieren vivir felices. Según él, sólo se puede llegar a este sumo bien gracias a un alma que desprecie lo azaroso y se complazca en la virtud. La libertad como indiferencia ante lo que puede ocurrir, aquello que viene de fuera, sobre lo que carecemos de control. Es decir, en vez de rebelarse contra el destino —algo que consume las energías y no produce resultados positivos—, la filosofía estoica preconizaba la imperturbabilidad. Nada está provisto de valor, salvo la disposición interior que es la sabiduría. En lo que nos sucede no hay bien ni mal: en el fondo, es lo mismo a efectos morales (que es la índole interior del hombre) ser rico que pobre, vivir en soledad que estar rodeado de acólitos. En realidad lo que se promueve es no perseguir el placer ni huir del dolor a toda costa, sino afrontar las perturbaciones con ecuanimidad, sin reaccionar de manera automática y caprichosa. ¿Por qué? Porque buscar el placer genera dolor cuando aparece la carencia, y también inestabilidad de ánimo cuando nos obsesionamos con él. ¿Qué sentido tiene regirse por la evasión continua del dolor? Siendo éste connatural al hombre, es imposible evitarlo en todo momento. De hecho a veces es incluso una obligación moral en los casos extremos en los que se quiere evitar males mayores por amor a otros seres.

Lo que distingue pues al sabio del hombre común es únicamente que no tiene apego ni al placer ni a escapar del dolor. La virtud no es innata; puede transmitirse, y presupone esfuerzo y ejercitación constantes, lo que conduce al sujeto a reemplazar sus creencias y actitudes para poder liberarse de la desdicha.

Epicteto enseñaba que una buena vida se centraba en tres temas principales: gestionar los deseos, cumplir con las responsabilidades y aprender a pensar con claridad sobre uno mismo y las relaciones dentro del conjunto de la humanidad. Es más, su filosofía perseguía la libertad interior y la serenidad como forma de vida. De algún modo representa la respuesta occidental a la espiritualidad oriental alejada de doctrinas sectarias. Su enfoque —como la mayoría de las filosofías orientales— asegura que aquello que nuestra sociedad contemporánea valora y considera deseable y admirable (logros profesionales, fortuna, poder, notoriedad) es incidental además de irrelevante para la verdadera felicidad.

Para alcanzar una existencia plena, según la teoría estoica, hay que tender hacia la ecuanimidad. Es decir, buscar la serenidad en la evaluación, la imparcialidad, el equilibrio en la aceptación de lo que sucede. Esto no se consigue despreciando lo humano, sino saliendo de la prisión maniquea y simplista de considerar el mundo como demonizado o divinizado. Las situaciones pueden conmover al sabio, pero no de manera tal que perturbe la ponderación de su juicio, terminando por considerar primordial aquello que es banal. Sin construir una ética basada en el orden universal que no es susceptible de ser manipulado, sin liberarse de la esclavitud de lo que no es esencial, lo efímero y perecedero, sin aceptar las contingencias del destino es imposible encontrar la tranquilidad de espíritu y la armonía.

3

Las causas del sufrimiento

«El sufrimiento, una vez aceptado, pierde su filo; el terror que le tenemos disminuye, y en general se hace mucho más manejable de lo que habíamos imaginado.»

LESLEY HAZELTON

La filosofía budista nos proporciona claves para poder enfrentarnos al dolor, comprenderlo para trascenderlo y librarnos de su poder devastador sobre nosotros. Así, el sufrimiento se vincula al apego y a nuestra pretensión de tomar como inmutable y eterno aquello que es intrínsicamente temporal. Séneca afirmaba hace muchos siglos: «¿Hay algo en el mundo que esté al abrigo de los cambios? La tierra, el cielo, toda la inmensa máquina del universo no están exentos de cambios».

Parece que aún no hemos aprendido esta lección, tan simple —por cierto— en apariencia. ¿Cómo podemos pretender poseer por completo algo sujeto a la transformación por su propia naturaleza? Por mucho que nos esforcemos, nos es imposible controlar las circunstancias externas en términos de calidad, cantidad y duración. Y esto se extiende a todos los aspectos de la existencia: amor, amistad, familia, salud, riqueza, poder, placer, comodidades... Es evidente que «todos los cambios producen pérdidas, de igual modo que todas las pérdidas requieren cambios», como ya apuntó Robert Neimeyer.

Nuestra cultura tecnológica ha conseguido persuadirnos con falsas y seductoras promesas de que podemos suprimir nuestros tormentos. La experiencia nos demuestra que el camino es escarpado y que la vida está plagada de pruebas. Las curas milagrosas sin transmutación interior se desvanecen en el aire. Es la resiliencia la que nos permite retomar la marcha y reparar las heridas en vez de abandonar y tratar de ocultarnos ante lo inevitable. Es evidente que en el mundo se percibe un crecimiento palpable en tensión, depresión, miedos, superficialidad y materialismo, además de una especie de pánico subrepticio, todo lo cual nos empuja hacia un deseo de soluciones asequibles y remedios rápidos que ofrezcan una panacea a nuestra confusión y dolor. La vida se mueve tan veloz que buscamos alivio que requiera ninguna inversión de tiempo, práctica o disciplina. Lo queremos para ayer. ¿Es esto posible?

Hay que aceptar que las aflicciones no constituyen un castigo o injusticia, sino que están presentes en la naturaleza del mundo en el que nos hallamos. Son producto de la ley de causa y efecto. Cada decisión es positiva o negativa en términos de los efectos que produce sobre el sufrimiento o la dicha. Por lo tanto, no hay críticas, culpables, ni víctimas; sólo consecuencias. Como los estoicos, los budistas también consideran que a pesar de que la desventura puede estar asociada al dolor físico y moral provocado por las condiciones externas, no está esencialmente ligada a ellos. En realidad es la mente la que traduce la adversidad en sufrimiento, la que se encuentra en una posición ideal para controlar la percepción gracias a su maleabilidad. Nada ni nadie puede imponernos un sufrimiento irremediable. Si intentamos gestionar los pensamientos e interpretarlo todo desde ese punto de vista, la vida puede ser transformada. Si en lugar de tomar los obstáculos como enemigos que nos alejan de nuestras metas los aceptáramos como nuestros amigos o maestros, consideraríamos la vida de un modo completamente diferente. Lo que parece una flecha o una espada puede ser concebido como una semilla que, con el abono adecuado, se convertirá en un árbol con el tiempo.

Lo mismo que el budismo considera que el sufrimiento de nuestro mundo —lo que ellos llaman samsara— es un fenómeno ineluctable, también asegura que cada individuo puede liberarse de él. La responsabilidad es una cuestión personal que incumbe a cada persona, facilitando pautas muy concretas: desintegrar los velos de la ignorancia, desembarazarse de los venenos mentales causantes de la desdicha, encontrar la paz interior y obrar por el bien de los demás.

La mayoría de la gente, desalentada ante la magnitud de la tarea —los millones estremecidos por la penuria que habitan las infraurbes, el esquilme de los recursos en los mares y las grandes florestas, la absurda e inmensa geografía del hambre, la indiferencia y corrupción de los políticos, los cientos de niños que son adiestrados para la guerra, la ignominia de las violadas en nombre de luchas inverosímiles, los miles de esclavos sexuales, los arrastrados a las cloacas de una vida miserable, y todos los que son abandonados, humillados, torturados, mutilados o separados de sus seres

queridos en pleno siglo XXI—, se desespera y baja los brazos, cayendo en una total indolencia. El catálogo contem-
poráneo de horrores puede ser interminable y sobre todo,
paralizante. ¿Para qué preocuparse por realizar acciones
positivas si no lograremos ningún impacto? Es una cuestión
que he escuchado en numerosas ocasiones. Otros se evaden
al llegar a la siguiente conclusión: «No es mi problema. Si a
los políticos y poderosos no les importa, ¿por qué debería
importarme a mí, si yo no puedo influir a gran escala?» La
mejor respuesta a mi entender es la que daba la Madre Teresa de Calcuta: «Puede que tu contribución no sea más que
una gota en el mar, pero es con muchas gotas como se forma un océano». No creo que hayamos de abandonar la labor por ser desmedida y quedarse fuera de nuestro alcance,
sino que se ha de tener la valentía de cooperar en la medida
de lo posible. Suscribo las palabras de Albert Einstein: «El
mundo es un lugar peligroso, no debido a los malvados que
lo habitan, sino a causa de aquellos que miran y no hacen
nada».

Imposible evadirnos de nuestras responsabilidades. Es
demasiado fácil caer en la demagogia de echar la culpa a
otros: los políticos corruptos, mis padres que me educaron
erróneamente, la sociedad superficial que nos manipula...
adocenarnos en el rebujo de la masa para eludir mi parte y
así mirar a otro lado pretendiendo esquivar lo desagradable
y molesto. Me concentro en mis actividades y placeres, y me
separo de aquello que no me afecta directamente. ¿Cómo se
puede vivir y morir con la conciencia tranquila sabiendo que
habiendo contado con la oportunidad de contribuir a un
mundo un poco mejor elegí desentenderme? Nos podemos
dejar llevar por las ondas cómodas de la corriente que nos
arrastra, pero para vivir en paz y armonía hemos de sentir-

nos concernidos por los males de este planeta, porque son también los nuestros.

A menudo se le achaca al budismo una cierta indiferencia, sobre todo por creer que el desapego que preconiza esta filosofía se traduce como apatía y total desinterés por el otro. Es una conclusión falsa. Lo mismo ocurre cuando se habla de la necesidad de liberarse del sufrimiento. ¿Significa esto que debamos dejar de sentir, ignorar a aquellos que sufren, no sentirnos atañidos al ser testigos de crueldades? En absoluto. Bien al contrario, el objetivo consiste en manifestar un amor incondicional por aquel que sufre, y hacer todo lo que está en nuestra mano para disminuir su dolor, sin que por ello la visión de la existencia se vea trastocada. Cayendo en la desesperanza por el estado del mundo o lo que nos ocurre a nuestro alrededor no podremos prestar ayuda a nadie; ni siquiera a nosotros mismos. El monje budista francés Matthieu Ricard subraya: «El dolor físico o moral puede ser intenso sin que por ello destruya nuestra visión positiva de la vida. Una vez hemos adquirido una cierta paz interior, es más fácil preservar nuestra fortaleza de alma o recuperarla rápidamente, incluso si exteriormente hemos tenido que enfrentarnos a circunstancias particularmente duras». Es decir —siempre según la concepción budista—, puesto que tanto el sufrimiento como la felicidad son estados que dependen de condiciones interiores, es responsabilidad de cada uno fomentarlas. A cada paso que damos nos encontramos en un cruce de caminos en el cual debemos elegir la dirección a seguir, y somos nosotros mismos quienes en último término podemos escoger el contento o la desventura, sin dejarnos atrapar por las apariencias.

Para evitar el dolor constante habría que reducir las expectativas —no esperes que la vida sea justa y tu corazón no se romperá ante la injusticia—. Siempre han existido guerras, enfermedades, corrupción y accidentes, y seguirá habiéndolas a menos que se realice un gran cambio de conciencia general. Vivimos en un mundo imperfecto. En algunos lugares del planeta el desarrollo técnico ha sido impresionante, mas el desarrollo espiritual y moral no ha progresado a la par. No podemos culpar a nadie del entorno que nos rodea, puesto que con nuestras acciones y omisiones también contribuimos a los resultados globales. Sin implicarnos personalmente, no podremos exigir cambios a otros.

Para salvar las ansiedades de nuestra vida moderna es imprescindible ser capaces de independizarnos del entorno social en un grado tal que no nos sintamos obligados a responder exclusivamente en términos de castigos o recompensas. Para alcanzar autonomía se ha de desarrollar la habilidad de disfrutar y encontrar sentido sin depender de las circunstancias exteriores. Lo cual sólo es posible mediante un cambio de actitud profundo en nuestra valoración de lo que es importante y lo que es banal.

En las filosofías y religiones orientales se recomienda trascender el dolor y la pena cuando éstos surgen, aceptándolos y absorbiéndolos en vez de combatirlos. Para atravesar una vida salpicada de tragedia e incertidumbre, aconsejan la tolerancia y la capacidad de rendirse, en lugar de rebelarse contra lo ineludible. Como hace el luchador oriental, lo ideal es aprovecharse del peso del contrincante en vez de enfrentarse a él de cabeza.

En Oriente, a lo largo de siglos, las técnicas para controlar la conciencia han destacado por lograr un gran nivel de sofisticación: la disciplina de los yoguis en la India, el taoísmo en China, el budismo con sus diversas ramas... Todos han buscado liberar la conciencia de las determinantes influencias externas —biológicas o sociales—. Lo cierto es que no necesitamos copiar todas las formas que fueron originariamente designadas para una determinada época, cultura y costumbres. No obstante, deberíamos tomar de ellas su riqueza esencial y transportarla a nuestra vida cotidiana para comprobar que el control sobre la consciencia no es simplemente una habilidad cognitiva, sino que requiere el compromiso de la voluntad y las emociones para ponerlo en práctica. Para modificar nuestros propios hábitos y deseos es necesaria una disposición y un entrenamiento constante, grandes dosis de motivación y la capacidad de imaginar las ventajas de ser dueño de la propia experiencia, pudiéndola enriquecer, hacerla más significativa y disfrutarla más y mejor.

PARTE II
LAS SOGAS QUE NOS AHOGAN

«Evita los pensamientos destructivos. Los pensamientos impropios y negativos hacen que la gente se hunda. Un barco puede navegar alrededor del mundo muchísimas veces; pero si deja que suficiente agua entre en el barco, éste se hundirá. Lo mismo ocurre con la mente humana. Permite que suficientes emociones negativas o impropias entren en la mente y la persona se hundirá igual que un barco.»

ALFRED A. MONTAPERT

La emoción es energía en movimiento, una manera de expresarse, y de algún modo demuestra cómo uno se relaciona con la vida. La emoción es también un estado mental poderosamente cargado de sentimiento. En Occidente se piensa con frecuencia que las emociones se encuentran más allá del control voluntario, mientras que los pensamientos son racionales. En Oriente, por el contrario, se considera que lo que tiñe negativamente un determinado estado mental no es tanto el pensamiento, como la emoción que lo acompaña.

En verdad las emociones no son algo intrínseco, sino relativo, ya que cada día aparecen una miríada de nuevas impresiones que permanecen con nosotros un tiempo limitado y acaban desapareciendo. Ninguna emoción perdura. Nos levantamos tristes, apáticos o contentos, y estos sentimientos van variando a lo largo del día en función de lo que nos vamos encontrando o la gente con la que nos topamos. Sin un esfuerzo consciente, nos convertimos en marionetas de nuestros volubles estados de ánimo.

Nuestra faceta emocional coexiste con la intelectual, la física y la espiritual formando un todo indisoluble e interrelacionado. Nuestras reacciones comienzan cuando somos bebés, y en función de si nuestras necesidades básicas son atendidas y de qué modo. Con el tiempo y la madurez, van evolucionando. Aprendemos nuestras reacciones gracias al ejemplo de los que están cerca, y por medio de la experiencia —lo que tiende a funcionar para conseguir lo que queremos o para protegernos—, aunque rara vez se trate de un proceso consciente y cognitivo. El problema nace cuando las reacciones que hemos automatizado nos perjudican, dañándonos a nosotros y a los que nos rodean. Es entonces cuando debemos plantearnos la posibilidad de zafarnos de estos lastres. Si tras un honesto examen comprobamos que nuestra manera de encarar la vida y nuestras actitudes nos ayudan a ser más dichosos, ¿para qué cambiar? De no ser así, transformarnos sólo nos puede aportar ventajas.

Tendríamos que diferenciar las emociones negativas y positivas no como fruto de un juicio de valor, sino por el daño que ocasionan, así como el grado de distorsión que ejercen sobre nuestra percepción de la realidad, y no sólo por el nivel de bienestar que nos proporcionan. Es cierto que nuestra tradición occidental se preocupa mucho por la au toestima y la importancia del individuo, sin tener en cuenta su armonía interna. No obstante, las emociones destructivas desasosiegan la mente e infieren en la capacidad de percibir y comprender la información y acercarnos a las personas. Cuando ante un conflicto una emoción perniciosa hace su aparición y nos quedamos atrapados por ella, en la memoria surge lo que detestamos del otro, borrando lo que nos gusta de él; nuestra atención se torna selectiva —lo que prevalece son las indicaciones de lo que nos molesta—. Por lo tanto, deberíamos aceptar que dichos estados distorsionan nuestra percepción de la realidad, creando un fuerte desequilibrio interior.

Nuestro objetivo debería centrarse en el desarrollo de un adecuado sistema inmunológico emocional. Es decir, preparar el sistema de defensa natural —nuestro cerebro y nuestro corazón— para afrontar las emociones perturbadoras cuando éstas aparecen por sorpresa.

Como las emociones perjudiciales nos afectan a todos, la cuestión que emerge es: ¿Cómo podemos manejarlas? Parece que lo más útil es poner en práctica la observación y la transformación interna. En la medida en que las emociones negativas se adueñan poco a poco de la mente, acaban convirtiéndose en estados de ánimo sólidos, por lo que si no se aprende a modificarlos, a la postre terminan estableciéndose como rasgos del temperamento y la personalidad de la persona. Es por ello que se ha de trabajar con ellas, pudiendo hacerlo en diferentes momentos:

Después de que aparezcan. Cuando uno se ha dado cuenta de los aspectos destructivos de algunas emociones tras haberlos experimentado. En ese caso utilizamos la razón para analizar sus consecuencias.

En el mismo instante. Consistiría en percatarnos de la

emoción que nos asalta tan pronto como aparece en nuestra mente para evitar que desencadene una secuencia de pensamientos que nos obliguen a actuar y dañar.

Con anterioridad. Ampliando la capacidad de trabajar sobre las emociones dañinas con perseverancia para alejarnos de su poder esclavizante, de manera que aquellas no se presenten siquiera. Esto sólo es posible con la práctica psicológica y espiritual.

Según la teoría de la inteligencia emocional, la capacidad de gestionar adecuadamente las propias emociones —cualesquiera que sean— constituye una habilidad fundamental para nuestra vida afectiva, personal e incluso laboral. Desde una perspectiva ideal, incluiría la capacidad de detectar las emociones destructivas en el momento en que empiezan a aparecer y no una vez que nos hayan atrapado con sus garras. Es así como podemos aumentar nuestra libertad para elegir las respuestas más adecuadas, pudiendo disponer de la capacidad de optar por la réplica más apropiada, en lugar de reaccionar ciegamente a las provocaciones externas.

4

Ira y odio

«Cuando uno es transportado por la cólera, lo mejor es observar con atención los efectos en aquellos que se entregan a la misma pasión.»

PLUTARCO

Pacificar el odio es el primer paso para desarrollar el amor, y para conseguirlo hemos de comprender que este sentimiento es irracional. Odiamos a los demás porque nos hicieron daño —intencionadamente o no— y nos sentimos heridos. Sin embargo, hemos de pensar en su descargo que si nos trataron mal fue porque carecían de elección, o no sabían reaccionar de otro modo; en algunos casos creían hacer lo correcto, en otros permitieron que las circunstancias les sobrepasaran, o se vieron arrastrados por emociones fuertes e incontrolables. En definitiva, perdieron las riendas. Alguien completamente sumergido en la emoción es como un loco o un borracho, no se le puede considerar completamente responsable de sus acciones. Igual que no tomamos las palabras o actos de un perturbado con demasiada seriedad, lo mismo deberíamos considerar a quienes nos lastiman. De hecho, estoy convencida de que todo ataque es una llamada de ayuda. Hemos de recordar que aquellos que nos han dañado es porque tenían la idea equivocada de que ésa era la única manera de conseguir algo que querían.

Quizá nos sentimos agraviados por palabras o acciones desagradables; en realidad la persona que más sufre es aquella que las realizó, porque ha de cargar con esa rabia, que es como un incendio que jamás termina de extinguirse. De este modo, más que odiarla hay que apiadarse de la persona. Carecemos de motivos para no perdonarla y sí tenemos muchos para sentir conmiseración por ella. Desde este ángulo, el rencor se convierte en algo ilógico. Por supuesto esto no significa que no debamos intentar impedir que la persona nos dañe o se dañe a sí misma, pero sin experimentar odio alguno.

La historia del sabio indio Swâmi Vivekananda ilustra bien este punto. Durante uno de sus viajes en tren, un pasajero hizo todo lo posible por insultarle, a lo cual el swâmi se negó a responder. Cuando el pasajero por fin se cansó de vilipendiarle, el swâmi le preguntó: «Si alguien te ofrece un regalo y tú no lo aceptas, ¿quién se queda con el regalo?» El pasajero respondió: «La persona que lo dio». El sabio añadió entonces: «No acepto nada de lo que dijiste».

El odio consume porque se necesita estar defendiendo continuamente esa posición. Hay que estar probando sin descanso su validez, agarrarse a todo lo que se encuentra a nuestro alcance para seguir justificándonos y ratificar su razón de ser. Por eso, sólo cuando no reaccionamos ante la ira con una ira mayor frenamos el círculo de la tensión y la violencia, lo cual representa una gran victoria. En el Bhagavad

Gita se nos recuerda que el infierno cuenta con tres puertas: la lujuria, el odio y la avidez.

Para poder hacer frente a las emociones negativas que tienden a asaltarnos, hemos de entrenarnos reiteradamente, si no es probable que ante situaciones conflictivas nos sintamos desbordados, sin poder contrarrestarlas con otras positivas. No hay necesidad de sentirnos culpables si la furia nos asalta; lo importante es percatarse de su presencia y no permitir que nos atrape y nos maneje, pues el objetivo de esta poderosa emoción no reside tanto en dañar a los demás como en eliminar los obstáculos que parecen interferir en nuestro camino.

Lo esencial, cuando estas emociones perniciosas se manifiestan, es no engancharnos a ellas, no sustentarlas ni intentar justificarlas para evitar que sesguen nuestra percepción. Hay una apreciable diferencia entre enojarse y avivar el enfado. Es cuando nos asimos a la ira y queremos venganza cuando su influencia es perniciosa y nos daña, empujándonos hacia los círculos más agónicos y cerrados del averno. Cada vez que permitimos que la cólera nos arrolle, nuestro sistema se envenena inevitablemente. Si reflexionamos, percibimos que no existe beneficio alguno en mantener esta actitud de cabezonería. A menudo se aconseja la vía de la expresión de las emociones perturbadoras: permitir que la cólera explote, dejando el camino libre para descargar —siquiera temporalmente— la tensión acumulada. Sin embargo, desde el punto de vista psicológico, la tensión aumenta al estallar en su punto más álgido sin ejecutar ningún tipo de autocontrol; los ataques coléricos terminan por desarrollar nuestro mal carácter, sin haber intentado impedirlo. Reprimir esta emoción (o cualquier otra emoción maligna) no sería tampoco la solución más acertada, ya que acumular un incómodo bagaje en nuestro inconsciente sin procesarlo a la larga puede provocar neurosis mentales, ataques de pánico e incluso enfermedades. Así pues, ¿qué remedio existe a nuestro alcance para vencerlo? Por una parte, mantenerse vigilante y ser consciente de la inutilidad de la cólera, de manera que podamos aprovechar nuestra energía en mejorar paulatinamente nuestro autocontrol a medida que aparece, de modo que la intensidad vaya disminuyendo. En el instante en que percibimos que nos estamos enfadando, lo idóneo sería desviar nuestra atención hacia algo que pueda distraer nuestros pensamientos y sentimientos arrebatados y esperar hasta que éstos se aplaquen. Sustituyendo los sentimientos perjudiciales por otros positivos como la amabilidad y la compasión, se activan poderosos antídotos contra esas impresiones dañinas que se retroalimentan en nuestro interior sintiéndonos incapaces de frenarlas. Como las emociones negativas no pueden coexistir con las positivas, unas u otras han de dominar. Nuestra responsabilidad individual es la de asegurarnos que las más influyentes en nosotros sean las positivas. ¿Cómo? Utilizando la fuerza del hábito para atraerlas y moldearlas, de tal modo que al estar siempre presentes no exista espacio para las opuestas. Con este método, en lugar de concentrar la atención en la persona que ha provocado nuestra furia, lo estamos haciendo sobre el sentimiento mismo. Es una acción a contracorriente, ya que solemos atribuir caracteres detestables al sujeto para poder justificar nuestra rabia. De algún modo nos encargamos de encender la leña para que surja el fuego, y así convencernos de que merecía la pena nuestro enojo por lo que nos hizo. Pero si de verdad lo que pretendemos no es congratularnos por la razón que teníamos al enfadarnos, sino que buscamos librarnos de la opresión de las emociones nocivas, entonces estamos obligados a tomar un camino alternativo. Cuando distraemos nuestra mente y, mejor aún, si utilizamos los antídotos, instauramos el hábito de observar nuestros pensamientos en cuanto surgen, y así se desvanecen antes de que monopolicen la mente y el huracán irrumpa. Si nuestra vanidad no está en juego, no tomaremos ningún agravio como afrenta personal. Si no sentimos que nuestro ego está en peligro, nos permitimos ejercitar la libertad interior de elegir nuestra acción —en contraposición a una reacción— en cualquier momento. Nadie te puede hacer enfadar, eres tú quien escoge enfadarse.

Como la abeja que es capaz de clavar su aguijón a sabiendas de que eso le conducirá a la muerte, así la cólera a quien más hiere es a uno mismo. En esta sociedad de permanente aceleración, la fatiga nos asalta al tener mil cosas de las que ocuparnos, por lo que parece inevitable caer en la irritación, y en un instante permitimos que el río de lava ardiente de la ira nos arrastre a la más mínima provocación —o lo que es percibido como tal—. La adrenalina inunda nuestro organismo cuando salta la alarma advirtiéndonos de un posible peligro. En esas condiciones solemos reaccionar furiosamente, y mediante la repetición de esta conducta creamos un hábito que termina por convertirse en un rasgo de nuestro carácter, reconociéndolo al final como algo natural en nosotros, y por lo tanto, imposible de erradicar. Entramos en discusiones que se tornan en enfrentamientos y peleas, batallas de egos en las que nos empeñamos en vencer a toda costa. Nos encendemos con el calor de la pelea verbal, y llegamos a pronunciar palabras de las que nos arrepentimos después, una vez recuperamos la calma. Sacamos a colación temas del pasado que utilizamos como arma arrojadiza sólo para confirmar que tenemos razón. Revivimos escenas pretéritas avivando aún más la irritación que se está almacenando en nuestro interior. Nos sumergimos en una espiral negativa que parece arrastrarnos, como si las circunstancias nos rebasaran y nos abdujeran guiados por la obcecación, sin poder asumir el control sobre nuestras reacciones insanas.

Cuando comprobamos que este tipo de comportamiento y turbulencia mental nos perjudica, entonces tenemos que hacer acopio de la energía suficiente para intentar transformarnos. ¿Cómo hacerlo? Una de las técnicas de ayuda más efectiva es la meditación; practicarla supone un excelente medio de generar conciencia de los propios pensamientos en el intervalo de décimas de segundo, permitiendo tomar las riendas de manera adecuada de inmediato. Por el contrario, las personas no acostumbradas a observarse pueden pasar horas sin percatarse de sus pensamientos, y llegar al punto de ser sobrepasadas por sus emociones sin que hayan percibido el avance de las mismas en su interior.

Es mejor actuar sobre la irritación antes de que se convierta en cólera, ya que una vez se le permite escalar, resulta extremadamente dificultoso frenarla. Para no incurrir en ella el mejor antídoto es la paciencia. En lugar de enojarnos ante el menor contratiempo, falta de eficiencia o error ajeno, si advertimos que nuestro malestar puede desembocar en oscura tormenta aplacaremos la escala de pensamientos negativos, armándonos de unas genuinas dosis de paciencia. Sólo así podemos gozar de paz interna sin la sensación de ir a la deriva cuando aparecen las olas; sólo así podemos amainar la tempestad antes de que se desate con rayos y truenos. Pedimos que haya paz en la tierra, mas ¿cómo erigirla a nivel internacional si no somos capaces de mantener la paz interior? Para transformar el mundo debemos empezar por nosotros mismos. Si no somos los primeros en dar el paso, ¿quién lo hará?

5

Apego

«El apego es el gran fabricante de ilusiones; la realidad sólo puede ser alcanzada por la persona que es capaz de desapegarse.»

SIMONE WEIL

Existen dos visiones extremas con respecto al mundo material. Por una parte están aquellos que creen que la felicidad consiste en la acumulación de bienes de consumo: casas, coches, riqueza, aparatos, vestidos, joyas y un interminable etcétera que puede llegar a la «posesión» de personas. En el otro lado se encuentran los eremitas, monjes y aquellos que abandonan los placeres de los sentidos y las preocupaciones mundanas para centrarse en la persecución de metas espirituales, eliminando así las distracciones que a la mayoría de nosotros nos acechan diariamente. La pregunta que surge es la siguiente: ¿No hay una ruta alternativa a estas dos propuestas extremas? ¿No existe lo que podríamos llamar la vía intermedia? La respuesta podremos encontrarla en la liberación del apego.

Se suele asociar el desapego a la indiferencia y a la apatía.

Es un error en el que se incurre a menudo. No tenemos por qué prescindir del amor hacia los otros, cortar nuestros afectos ni vivir en la más pura indolencia. Al contrario, se trata de amar con independencia y generosidad, sin adicciones afectivas; apreciar sin perseguir las ataduras obsesivas. El apego alude únicamente a la no dependencia de ésta o aquella persona para poder disfrutar de la dicha. Como bien dice la terapeuta Byron Katie: «La locura puede ser definida como la creencia de que necesitamos absolutamente algo que no tenemos». Y la prueba es que ahora mismo estamos viviendo sin disponer de lo que supuestamente tanto necesitamos. En verdad son sólo nuestras historias las que nos llevan a convencernos de que precisamos algo de lo que no disponemos ya.

Permanecemos atados a nuestras posesiones cuando dependemos de ellas emocionalmente. En el momento en que podamos escindir el lazo psicológico seremos capaces de experimentar un gran sentido de liberación más allá de las palabras. Aunque esta premisa parezca de difícil realización en nuestra cultura consumista y despilfarradora, lo esencial es la actitud de desapego —no la penuria— como meta a seguir.

La historia sobre Thomas Edison demuestra que es posible adoptar este enfoque. Su laboratorio empezó a arder, y antes de que pudiera reaccionar todo ardió bajo las llamas. Él se apresuró a llamar a su esposa para que pudiera ver lo que en su opinión era un increíble espectáculo, y al día siguiente empezó a reconstruirlo sin darle mayor importancia.

Nos pasamos la vida intentando conseguir cada vez más y más objetos y a la vez inconscientemente buscando personas que puedan llenar nuestros vacíos, nuestra eterna insatisfacción. De este modo, proyectamos sobre ellos cualidades y atributos desmesurados —exagerados como consecuencia de nuestros sueños, miedos o deseos— descubriendo con el tiempo que no se ajustan a las expectativas. Les asignamos un atractivo ilusorio porque deseamos desesperadamente encontrar una persona que nos complemente, una pasión que nos colme, un objeto que nos proporcione aquello que ansiamos y de lo que carecemos, para que de forma definitiva se recubran los agujeros que perforan nuestro ser, de tal modo que tendemos a idealizar aquello de lo que carecemos y sobre lo que ponemos nuestras esperanzas de salvación. Con ese afán oculto perdemos objetividad. Es un mecanismo inconsciente que actúa inexorablemente y dirige nuestra conducta. Lo paradójico es que nada de lo que adquirimos ni persona alguna con la que estamos puede colmar esas añoranzas. Como se indica en el Dhammapada: «Sé para ti mismo tu propia luz».

La clave para salir del círculo vicioso se fundamenta en eliminar el deseo de aferrarse. El sentido común parece indicar que si no poseyéramos nada escaparíamos de todo sufrimiento; sin duda una conclusión incompleta. Podemos carecer de todo y todavía alimentar el deseo irrefrenable de la posesión, y por lo tanto sufrir por la privación y el ansia de tener. El gran aprendizaje reside no en la renuncia material, sino en adoptar el enfoque alternativo del desapego, que no es igual a la indiferencia. Consiste en disfrutar de lo que se nos presenta en cada instante, sin echarlo de menos después. Regocijarse sin crear dependencia alguna para el propio contento. Es vivir el presente en toda su magnitud —sin compararlo con el pasado y sin proyectarse continuamente hacia el futuro—, con la actitud de poder renunciar a lo que sea necesario, porque contamos con la íntima convicción de que nada de lo material que poseemos ahora es crucial para nuestra felicidad.

Yo misma me he visto abocada a practicar esta teoría. Mientras reflexiono y escribo, en estos momentos me encuentro en un monasterio en el valle de Katmandú (Nepal). Mi habitación apenas cuenta con lo básico: una silla, una cama pequeña, unas baldas descoloridas y una moqueta algo roída que dejó de ser nueva hace décadas. El calor húmedo en esta época monzónica puede resultar insoportable, y aquí ni siquiera hay un ventilador. El ruido exterior es incesante: las obras cercanas que no paran ni durante el fin de semana, el continuo claxon de vehículos que pasan y las discusiones de los vendedores que se mezclan en el barullo. En resumen, se podría decir que no dispongo de las condiciones ideales para sentirme a gusto y mucho menos para trabajar. De repente mi mente vuela a Viena, ciudad que visité hace tres semanas. ¡Qué contraste! Debido a diversas circunstancias estuve alojada en el hotel Sacher (probablemente el más afamado de la ciudad), donde todo invitaba al confort. Es obvio que resulta fácil acostumbrarse al bienestar, y de ahí a creer que se requiere todo eso para ser feliz no hay más que un paso. Sin embargo, el grado de satisfacción que sentía hace poco en Viena y el que siento ahora es muy similar, no ha experimentado oscilaciones. Cuando se precisa de un sinfín de objetos o de un entorno determinado para sentirse bien, empezamos a convertirnos en esclavos de nuestros deseos. Lo primordial no es abandonarlo todo aislándonos y recluyéndonos en un convento, sino saber que si llegara el caso, podríamos hacerlo, porque lo material está aquí para facilitarnos la vida y hacerla más placentera, no para subyugarnos.

En el entramado de nuestra sociedad actual la publicidad incita e insiste en el engaño, haciéndonos creer que si compramos el último modelo de coche conseguiremos atraer a la mujer deseada, con el último electrodoméstico las tareas domésticas desaparecerán, y esas paradisíacas vacaciones en las playas de la República Dominicana reavivarán de nuevo la llama de nuestro amor perdido. La publicidad se ha encargado de colonizar nuestra cultura y usurparnos muchos valores. Cada día somos bombardeados por infinidad de impresiones comerciales con idéntico mensaje subliminal: «Estás incompleto... tu vida está truncada... Para completarla necesitas A o B, y con este producto alcanzarás lo que tanto pretendes». Haciéndonos sentir fracasados y confundidos nos convertimos en fáciles presas de la manipulación, cayendo en el vértigo del deseo que en teoría será saciado por los bienes anunciados. En definitiva, todo nuestro entorno nos empuja a creer que un cheque con muchos ceros resolverá nuestros problemas y nos acercará a esa entelequia llamada felicidad.

La realidad dista mucho de ser ese brillo falaz que nos suele atrapar. Es como esos edificios históricos que se iluminan con focos al oscurecer. A menudo, cuando amanece y las luces ya se han apagado, el monumento que nos parecía tan hermoso es en verdad un conjunto de ruinas en mal estado. O como cuando hemos pasado la noche con una mujer a la que apenas conocíamos y que en el fulgor de la madrugada y la ceguera de nuestro propio deseo nos resultaba muy atractiva. Más tarde, al despertarnos y mirarla de cerca sin el resplandor de la velada anterior, percibimos nuestro flagrante error.

El apego es el filtro que colocamos —no sin cierto regodeo— delante de los ojos para continuar viviendo en el espejismo de un universo de cartón piedra que en el fondo tememos trocar por cualquier otro, aunque sea mejor e indestructible. «Que me dejen seguir en mi propia fantasía», pensamos íntimamente. Como niños que juegan en la playa y construyen afanosamente un castillo de arena, inconscientes de la marea que subirá e inevitablemente arrastrará con las olas su creación, así somos nosotros viviendo una realidad ilusoria.

El intento de escapar de nuestras aflicciones sólo las perpetúa. Lo que nos perturba no es lo que nos aflige en sí, sino el apego que profesamos al identificarnos con el objeto de nuestra aflicción. Insisto en que mi propuesta (no especialmente original, por cierto) para librarse del embaucamiento de lo irreal, y en esencia perecedero, no es el rechazo frontal, sino una toma de conciencia y el entrenamiento regular en la flexibilidad. Esto acontece tanto con las experiencias que calificamos como positivas como con las que etiquetamos de negativas. Sólo cuando estás dispuesto a abandonar lo que más aprecias es cuando conoces realmente lo que posees.

Debemos tomar consciencia de que vivimos en un mundo que no nos pertenece. La meta no es por tanto dominar nuestro entorno, sino encontrar una manera armoniosa de funcionar dentro de él. Además, hemos de aceptar que todo lo existente en esta tierra es impermanente. Lo que nace está forzado a morir, lo que es acumulado será disgregado, lo que se construye se desplomará, los que se unen invariablemente se separarán. Nada de lo compuesto está destinado a permanecer sin cambios. Todo fluye, nada se estanca. Todo cambia, nada permanece. La vida es el gran devenir. Nuestro sufrimiento procede del apego a las personas y las cosas, de nuestros repetidos intentos por encontrar algo duradero, cuando no hay nada permanente que hallar. Queremos conservar aquello que nos produce placer, lo que nos seduce y lo que nos inspira seguridad. Por otro lado, los elementos que nos rodean, y hasta nosotros mismos, estamos cambiando constantemente. Los jardineros saben que la caducidad de las flores es lo que las convierte en algo precioso. La belleza del mundo está en este mismo movimiento constante. Es sólo comprendiendo la impermanencia y logrando integrarla cuando nuestro apego disminuye, permitiéndonos ser capaces de vivir más relajados y ligeros. De hecho, la mayoría de los problemas con los que nos enfrentamos aparecen como resultado de nuestra errónea creencia en la inmutabilidad. ¿Por qué luchamos los unos contra los otros? ¿Cuál es la razón de tantos conflictos entre religiones, naciones e incluso guerras fratricidas? Porque estamos convencidos de que todo permanecerá como en el presente, y por mucho tiempo todavía. Si fuéramos capaces de captar profundamente la noción de que todo es transitorio, muchos de los conflictos actuales desaparecerían.

Existen diversos métodos para reflexionar sobre la impermanencia. El principal se asienta en revisar el mundo material, de lo infinitamente grande a lo más diminuto, advirtiendo cómo las galaxias, los planetas y las estrellas aparecieron, evolucionaron y acaban convirtiéndose en agujeros negros antes de extinguirse. Basta con percibir el movimiento constante en todas las cosas: las estaciones se suceden, el sol aparece tras la tempestad, la lluvia tras la sequía… todo se mueve en el espacio, y nosotros y nuestro entorno con él. Es la única conclusión objetiva que podemos extraer.

Una vez que hemos considerado con detenimiento la fugacidad de una manera global, resulta útil hacerlo a niveles más sutiles. Por ejemplo, una persona es indisoluble hasta que muere, un plato es sólido hasta que se cae y se hace pedazos, un coche permanece intacto hasta que impacta contra otro, un sentimiento parece duradero hasta que se modifica… Todo lo que nace desaparecerá, la única incógnita es cuándo. Lo reunido se distanciará; aunque nuestras amistades o nuestros amores duren mucho tiempo, en algún momento cada uno se irá por su lado o la muerte los separará. Todo lo agrupado terminará por diseminarse. No importa cuánta riqueza y posesiones materiales podamos amasar, se extinguirán tarde o temprano. Todo lo erigido se desplomará. Aunque el material sea duro y resistente, en el futuro se desintegrará. Tomar como eterno aquello que es temporal por naturaleza nos crea constantemente fuentes de pesar de las que nos resulta imposible escapar. Si somos capaces de reflexionar sobre la fugacidad, podremos advertir que todo está sujeto a una transformación constante, de un instante a otro. Sabemos que el verano concluye, y llevados por la euforia estival nos vemos sorprendidos por la repentina aparición del otoño. Estamos anclados en el movimiento incesante y es esto lo que establece nuestra realidad. Sólo cuando la visión de lo perecedero crezca en nuestra mente podremos desapegarnos de lo superfluo. Nos enganchamos a lo material debido a nuestra sempiterna insatisfacción, que nos incita a malgastar nuestro tiempo, y poco a poco a desperdiciar la vida mientras se va desgranando. Como sabiamente apuntaba Alfred A. Montapert: «No se puede confundir el movimiento con el progreso. Un caballito de balancín no para de moverse, pero no realiza progreso alguno».

Otro aspecto del apego lo constituye esa molesta sensación de que nos falta algo, de que siempre necesitamos más. El caso es que si finalmente logramos hacernos con lo ansiado, nos damos cuenta de que no nos sacia en absoluto; la necesidad continúa siendo acuciante y perentoria. Al principio, el esfuerzo que requiere conseguirlo nos motiva. Después nos preocupamos por salvaguardarlo; quizá se rompa, pueden robárnoslo, o acaso se pueda gastar. Y a la postre, nos obsesionamos por incrementar lo que ya tenemos. Cuantas más posesiones atesoramos, más se multiplican nuestras inquietudes. Aun así, seguimos persiguiendo esa quimera que esperamos aporte unas gotas extra del elixir de la dicha, permitiéndonos sosegarnos ante esa carrera de obstáculos con la que a veces la vida nos pone a prueba, y poder conseguir finalmente esa paz a la que aspiramos. No nos engañemos: mucha gente honrada compra recetas de moral evasiva con la única finalidad de sobrevivir en la oscura vida cotidiana, sin percatarse de la trampa en la que se enredan. Los anuncios y la presión mediática a la que estamos sometidos intensifican la ilusión de creer que la acumulación de propiedades podrá dominar todo aquello que se escapa de nuestro control. El marketing, las revistas, la televisión y los personajes populares prometen cambios extraordinarios y viajes fugaces a la felicidad que se quedan en eso, en píldoras efímeras con efectos superficiales y poco duraderos. Pocas de las propuestas abren la puerta a proposiciones si no a alternativas, al menos complementarias a lo ya manido y claramente ineficaz. Sin embargo, de ningún modo debe pensarse que existe método alguno, comodín ni recurso material —incluido este libro— que pueda conseguir un impacto duradero en nuestras vidas sin un compromiso continuo y tenaz de trabajo.

No seré yo quien aconseje la opción ascética como subterfugio al engranaje en el que nos vemos sumidos, simplemente considero que es aconsejable quitarse la venda de los ojos y observarnos con claridad. ¿Por qué hacemos las cosas de un determinado modo? ¿Por qué sufrimos tanto en nuestras relaciones? ¿Por qué después de haber conseguido la meta que prometía ser definitiva nos sentimos vacíos? ¿Por qué nos creemos todo aquello que se nos propone como simplificación trivial a lo verdaderamente importante? La respuesta es siempre la misma: el apego, ese capricho nuestro de suponer que lo que nos rodea es eterno, y que aquello que deseamos ardientemente nos otorgará ese colofón final que perseguimos con tanta avidez. Es la falta de visión neutra de la realidad la que nos conduce a menudo a precipitarnos en la desilusión. En algún momento despertamos de nuestro ensueño para comprobar que la persona que tanto nos gustaba también tiene defectos que en su momento preferimos obviar, y al descubrirlo nos sentimos desencantados. Sin embargo, esa persona sigue siendo la misma. No es que haya cambiado de repente, sino que nosotros preferimos entornar los ojos para no verla como era. Algo parecido ocurre cuando nuestros deseos se dirigen hacia lo material, y se convierten en objetivos por sí mismos. Cuando por fin podamos comprar ese piso, todo se arreglará en nuestra existencia; cuando nuestro sueldo alcance para permitirnos esas soñadas vacaciones en el Caribe, nos sentiremos dichosos. El problema aparece en el momento en el que todo eso lo conseguimos y nos damos cuenta de que la novedad es artificiosa; el placer al obtener lo que añorábamos es fugaz y no nos proporciona el grado de complacencia que habíamos supuesto.

Hay una leyenda que cuenta cómo un joven monje le pregunta al Maestro: «¿Cómo me puedo emancipar? A lo que el Maestro responde: ¿Quién te ató?» ¿No somos nosotros prisioneros de nuestras propias creaciones mentales y los responsables de nuestras propias falacias? Nada fuera de nosotros mismos puede procurarnos aquello que buscamos con disimulado afán.

Lo esencial no es renunciar a los éxitos mundanos, ni a la persecución de los mismos, sino comprobar con qué medios los perseguimos. El secreto reside en considerar nuestras más profundas ambiciones como si de simples pasatiempos se tratara, de tal manera que podamos contemplarlas de un modo desapasionado. Es así como seremos capaces de percatarnos de cómo muchos de nuestros anhelos delirantes e incluso patéticos tiñen nuestro juicio. Al sobrevalorar el valor intrínseco de lo que perseguimos frenéticamente, anteponemos los medios a los fines. El quid estriba en no necesitar; pues eso nos permite conquistar la libertad. Nos redime instantáneamente del miedo y la rabia; del temor a estar privado de los deseos, del miedo a perder lo que ya se posee. Y también de la irritación cuando los demás no se pliegan a nuestros requerimientos y eso parece alejarnos de nuestros objetivos. Es entonces cuando comprendemos que nos podemos sentir gozosos con independencia del exterior.

Hay un párrafo en uno de los libros de Carlos Castaneda que me gustaría reproducir aquí, pues proporciona unas claves básicas para todo aquel que desee una vida de plenitud, y no simplemente sobrevivir.

«Cuando un guerrero deja de tener cualquier expectativa, las acciones de la gente ya no le afectan. Una extraña paz se convierte en la fuerza que rige su vida: el desapego. Esto permite al guerrero detenerse momentáneamente para considerar las situaciones y volver a ponderar las posibilidades. Para usar de manera consistente y correcta este momento extra, un guerrero tiene, sin embargo, que luchar incansablemente durante toda su vida.»

Recuerdo también una historia que ilustra cómo la libertad no está ligada a la cantidad de posesiones y riqueza que se pueda tener. Cuenta cómo un monje budista visitó a un príncipe acaudalado. Tradicionalmente a los monjes se les permite disponer de pocas pertenencias (dos mudas de ropa y un cuenco en el que colectan los alimentos). El día era caluroso, por lo que salieron los dos a caminar por los inmensos jardines del palacio. Cuando se encontraban alejados, un sirviente llegó corriendo: «¡Hay fuego en palacio; todo el edificio está ardiendo!» La reacción del monje fue levantarse acelerado. «¡Mi cuenco, lo dejé en palacio!», gritó mientras se apresuraba a buscarlo. En cambio, el príncipe se mostró más bien indiferente: todo lo que se estaba quemando eran cosas materiales que en el fondo poco le importaba perder porque les tenía poco apego… En definitiva, lo que posees es mucho menos significativo que tu dependencia de ello.

Es cierto que a menudo los maestros espirituales —especialmente en Oriente— aconsejan el abandono total de lo material por la dificultad que los humanos tenemos para encontrar el equilibrio. También san Agustín abogaba por ello al decir: «Es más fácil la abstinencia que la moderación». Como el péndulo, oscilamos entre aferramiento a los bienes materiales y la obsesión por el cuerpo, y en el otro extremo la flagelación y las pretensiones ascetas. Es una tarea ardua hallar reposo hasta que no seamos capaces de descubrir la salida del ciclo de indulgencia y culpa, abnegación y glotonería, obcecación y condena. Lo fundamental viene a ser advertir que resulta misión imposible encontrar reposo y satisfacción sin poder apaciguar el conflicto interno proveniente de la incapacidad de serenarse en ese punto medio, cultivando el desapego de todo lo que nos rodea, sin tener que depender de nada o de nadie para nuestro contento. Si pudiéramos desprendernos de todo lo innecesario, dejaríamos un hueco en la vida para que anidara la belleza profunda, y con ello disfrutar de la gracia y la poesía de pisar levemente este planeta.

6

Solidificación del ego

«Los vuelos al espacio son sólo un escape, una evasión
de sí mismo; porque es más fácil ir a Marte o a la Luna
que penetrar en el interior de uno mismo.»

CARL G. JUNG

La tendencia natural nos inclina a pensar que una vez llegamos a la edad adulta nuestra identidad es una sola, sólida y
completamente forjada hasta el final de nuestros días. Después de terminar años de estudio, la excitación de seguir
aprendiendo se va disipando y parece inevitable acomodarse
en las estrechas demarcaciones del yo que hemos desarrollado
en la adolescencia y primera juventud. De algún modo tendemos a considerar que merecemos relajarnos en las rutinas que
hemos establecido, y una vez aplicamos los trucos que nos
han servido para la supervivencia, nos podemos permitir activar el piloto automático, obviando el hecho que acomodarnos
en la autocomplacencia supone disfrutar mucho menos de la
vida y su riqueza, salvo de una manera pasiva.

A través de lecciones y vivencias hemos llegado a confor-
mar quienes somos hoy. Hemos aprendido a discernir lo in-

soslayable, hemos probado e indagado hasta afianzar los gustos propios, hemos experimentado para conocer nuestros límites, hemos errado para descubrir que algunos puentes es mejor no cruzarlos. En definitiva, concebimos nuestro ego como una entidad identificable e inamovible. Sin él no somos nadie. Pero ¿no se trata de una entelequia? Es cierto que podemos solidificar el agua hasta cristalizarlo en un cubito de hielo. ¿Podríamos hacer lo mismo con un río? ¿No se asemeja nuestra conciencia a una corriente en constante movimiento y transformación? ¿No es el ego en realidad un proceso dinámico que jamás cesa de fluir? ¿Somos los mismos a los cincuenta que aquellos que fuimos a los veinte? ¿Tiene sentido continuar con las mismas premisas de los treinta durante el resto de nuestra vida? Si nos identificamos con un concepto anquilosado de nosotros mismos, hermético y poco abierto a evolución, nos convertimos en parodias de nuestra propia persona, y si además lo defendemos a ultranza, nos negamos la posibilidad de desarrollarnos en la medida que nos vemos influidos por nuevos entornos, cuando conocemos a diferentes personas o disponemos de la oportunidad de abrirnos a nuevos puntos de vista. Si nos empeñamos en afirmar que somos de una determinada forma y nos aferramos a nuestras ideas de forma rígida, estamos provocando la gangrena de espíritu. Como sostenía el psicólogo humanista Carl Rogers: «Solamente está educada la persona que ha aprendido a aprender y a cambiar».

Muchas personas viven en un estado de consciencia que toman como definitivo, sin posibilidad de cambio, como si el mundo y la psique fueran estáticos y tuvieran que permanecer así para siempre. Parecen vacíos de imaginación y dependientes completamente de su percepción sensorial. Es como si las ocasiones y las posibilidades no existieran en su visión, y toman el futuro como una repetición exacta del pasado.

Nuestros indiscutibles modelos mentales —las ideas prefijadas de cómo el mundo funciona— constituyen uno de los grandes obstáculos para nuestra felicidad. Aceptamos tan ciegamente esos moldes que nos encorsetan sin poderlo apreciar, sin que lleguemos a cuestionarnos si nos sirven para el momento presente. Nos identificamos con ellos porque solemos creer que representan la personificación de la verdad absoluta y no de una proyección personal de nuestra verdad, obsoleta y poco adaptada a las nuevas circunstancias. Disponemos además de diversos modelos, aplicables a diferentes ocasiones: para el trabajo, el amor, nuestra familia… y nos los creemos con tanta intensidad que ignoramos que a veces están en conflicto unos con otros. De hecho, gran parte del estrés que soportamos proviene de esta falta de conciencia; y aun así seguimos pretendiendo que esos dogmas que nos hemos construido con los años se perpetúen como certezas inmodificables. Las palabras de Lao Tse nos recuerdan algo que olvidamos con demasiada facilidad: «La flexibilidad triunfa sobre la rigidez, la debilidad sobre la fuerza. Lo que es maleable es siempre superior a lo que es inamovible. Éste es el principio según el cual el control de las cosas se obtiene colaborando con ellas, la supremacía mediante la adaptabilidad».

De un modo un tanto borroso intuimos que cada persona percibe el mundo de una manera diferente, mas es un concepto que sinceramente no nos atañe; ni siquiera nos lo planteamos. No obstante, si fuéramos capaces de integrarlo lograríamos disminuir nuestra frustración, angustia y malestar, pues comprobaríamos que son consecuencia de nuestra idiosincrasia, los propios mapas mentales y sus dictados correspondientes, y que están fabricados con la fina materia procedente de nuestras singulares apreciaciones.

Abrazamos ideas rancias buscando una supuesta tranquilidad al peligroso precio de nuestra flexibilidad interior, pudiendo así embarcarnos en una cruzada contra todo aquel que discrepe de nuestras ideas preconcebidas. Arbolamos y convertimos los propios pensamientos en religión y bandera, atestiguando su validez absoluta. Sin embargo, cuanto más intentamos certificar lo que no es exacto, mayores frustraciones y decepciones acumulamos. Lo interesante es que podemos cambiar, y esto sólo depende de nosotros. La decisión más importante que hemos de tomar es elegir vivir en un mundo hostil o en uno amable. No estamos obligados a continuar moviéndonos en la inercia de un mundo agresivo blandiendo nuestras armas, siempre a la defensiva, en alerta constante. ¿Quién nos ha convencido de que el mundo real es éste? ¿Cómo hemos podido permitir que injertos emocionales de este tipo lleguen a convertirse en verdades universales? La adhesión incondicional a postulados comúnmente aprobados no los hace veraces en sí mismos. Es sólo una de las posibles realidades que podemos escoger, no la única e inalterable. Son nuestros conceptos inamovibles los que se convierten en tumbas en las que nos enterramos nosotros mismos. Asignando etiquetas indelebles condenamos o magnificamos por encima de toda cuestión. Cuando nos creemos las historias que nos contamos —esas que se atreven a discutir con la realidad— nos exponemos además a perder la partida, pues la realidad se impone con o sin nuestro consentimiento, en todas y cada una de las situaciones. Asimismo, esta actitud nos aleja del instante presente al perder el tiempo ensimismados en nuestra posición subjetiva, el incesante diálogo interno que devana sin descanso bagaje y aspiraciones, sin permitirnos simplemente abrirnos, observar y escuchar.

Por supuesto, la existencia está plagada de retos y dificultades. ¿Quién no ha tenido un jefe inflexible, una suegra inaguantable, un hijo díscolo que se niega a estudiar, una pareja en continuo desacuerdo, unos padres gruñones, un amigo mentiroso, alguno desleal, una enfermedad insidiosa, una deuda que da la impresión de dilatarse, un periodo en el paro, un desengaño amoroso, un fracaso en lo que habíamos puesto toda nuestra ilusión? ¿Cuál es nuestra reacción ante estos desafíos? ¿Hemos optado por sobrevivir en un mundo adverso en el que cualquiera puede presionar los botones que nos hacen enfurecer, frustrarnos y empañar la visión? ¿Pueden determinadas situaciones envenenar nuestra actitud durante horas y a veces días enteros? Cuando nos convencemos de que otra persona o las circunstancias han de cambiar y adaptarse a nuestros designios para encontrar el bienestar, nos alejamos de nuestro ámbito de acción. Mientras sigamos persuadidos de que los demás son responsables de nuestras angustias, la situación será desesperada, porque no habrá nada que podamos hacer para remediarlo. No obstante, la salida de este presidio que nos hemos impuesto está al alcance de todos. Sólo hay que recapacitar sobre si nuestras concepciones nos hacen disfrutar y vivir con alegría. En caso contrario, habremos de reunir la pasión que nos empuje a transformar los esquemas con voluntad, paciencia y perseverancia. Los resultados merecen la pena. ¿Por qué no intentarlo?

Gran parte de la terapia occidental explica las neurosis en función de las experiencias vividas en la niñez. No obstante,

esto carece de sentido, ya que el trauma reside únicamente
en la memoria y el aferramiento a ella. De hecho, ya no eres
ese niño que fue maltratado, al que no amaron o comprendieron lo suficiente. Ese sufrimiento te afecta sólo en la medida que crees que todavía eres ese chiquillo. Si dejas de engancharte a dichos recuerdos, si no te identificas con aquel
niño que una vez fuiste, las experiencias pasadas carecerán
de importancia y no podrán afectarte; serán como recuerdos
que ocurrieron a otra persona. Al considerar que el pasado
concluyó y que ahora no representa más que una reminiscencia, nos desprenderemos de un peso con el que hemos
cargado durante demasiado tiempo. Lo que nos ocurrió ya
no puede afectarnos, porque no somos los mismos de ayer.
Hemos dejado de ser esa persona que sufrió atropellos y penalidades; siempre y cuando no sigamos identificándonos
con ella. Nos asemejamos a arroyos cuya corriente de agua
nunca es la misma porque está en continuo devenir. En
quien nos convertiremos mañana depende sólo de quién elijamos ser hoy.

Si reflexionamos sobre ello hemos de reconocer nuestra
insistencia en el etiquetado. Nos encanta registrarlo todo,
con un calificativo, con nuestra descripción: un amigo pesado, una comida apetitosa, una fiesta aburrida, una mujer
atractiva, un hombre inteligente… Nos gustan los conceptos, nos ayudan a posicionarnos y colocar a los demás en
función de esos esquemas, nos guían para aprehender la realidad, nos infunden garantías porque nos dan la impresión
de que ya sabemos quién es la persona de antemano y cómo
actuar frente a ella. Además de proporcionarnos referentes
para predecir su comportamiento, nos indican en qué lugar
ubicarnos, nos sirven para planificar el futuro, nos inspiran
la confianza suficiente para no sentirnos perdidos; dispone-

mos así de señalizaciones para sentirnos cómodos. Son los andamios ficticios que nos permiten cimentar nuestra indestructible mansión. Una vez hemos situado cada objeto y persona en una caja con su etiqueta nos podemos relajar: todo está bajo control. Ahí radica la base del espejismo. Al contrario de lo que solemos creer, nuestros conceptos, ideas y condicionantes enturbian nuestra óptica, nos impiden contemplar el mundo objetivamente; y en su lugar lo apreciamos a través de nuestra percepción, de manera terciada y convenientemente adaptada a nuestro agrado. Incluso esa personalidad que creemos inmutable no está constituida por un conjunto de características fijas, sino que se trata de algo variable y en continua evolución. Los estados mentales afectan nuestro cuerpo, y los estados físicos de igual modo pueden alterarse a lo largo del tiempo y producir modificaciones de lo que llamamos temperamento.

A menudo adoptamos un emblema llamado hijo, padre, abogado, profesora, parte de una pareja, etc. Tendemos a identificarnos con un rol determinado, mas ¿estamos limitados a ese rol? ¿Dónde está nuestra complejidad personal? ¿Por qué nos sentimos forzados a marcarnos con un logo para mostrar de qué lado nos posicionamos? ¿Eres católico o musulmán? ¿Andaluz o catalán? ¿Por qué necesitamos encajonarnos de manera tan sumamente tajante? ¿Por qué esa pertinaz obsesión de constreñirse con un corsé de hierro? Acaso permita protegerse de ciertos ataques, pero también puede asfixiar. La idea de que nos hemos convertido en un determinado individuo con un carácter inalterable está muy arraigada en nosotros. No obstante, hemos de tomar conciencia de cuál es la imagen que exhibimos, así como del perfil que mantenemos en nuestra mente para percatarnos de la interminable charla interna que se encarga de reforzar

esa imagen, sin permitir espacio para el avance. Sin cuestionamiento es inevitable quedarnos atrapados en nuestras
preocupaciones diarias, llegando a identificarnos absolutamente con lo que hemos creado, creyendo en ello sin ningún
género de duda, sin dejar lugar alguno para el perfeccionamiento interno.

Por eso es tan útil buscar periodos de silencio y aislamiento con el fin de examinarse, auscultarse e indagar sobre
nuestra propia esencia, fuera de la fachada que ofrecemos al
mundo como identidad definida. Hay que encontrar tiempo
para explorar lo más recóndito de nuestra persona y observar quién está detrás de todas las máscaras que utilizamos,
de los pensamientos con los que nos asimilamos, los condicionamientos que nos esclavizan, los prejuicios en los que
nos amparamos.

Nos resulta conveniente afirmarnos en muletas y apoyar-
nos en ellas en lugar de aventurarnos a caminar con valentía
sin soporte alguno. Preferimos la comodidad de lo conocido
que concedernos la libertad de escudriñar lo desconocido,
acomodarnos en la artificiosa seguridad de lo, en apariencia,
inalterable, aunque no sólo se trate de una impresión, un
burdo mecanismo de supervivencia que en el fondo no nos
protege de las mareas.

Claro que es aterrador concebir que uno pueda perder el
control. Pero en verdad nunca lo tuvimos. No es sino una
entelequia articulada por nuestra mente para inspirarnos
confianza. Lo queramos o no, somos seres en continua mutación; los estímulos exteriores, las experiencias y el desarrollo interior nos influyen y nos transforman. Para poder continuar nuestro crecimiento es necesario exponerse, situarse en las demarcaciones antiguas que delimitaban nuestra
identidad, asumir los riesgos de lo novedoso, obligarse a en-

contrar nuevos caminos o reinventar los añejos. En caso contrario, nos limitaremos a repetir comportamientos rancios basados en aquella conducta que nos conformaba y en inclinaciones pretéritas, anquilosadas en el deambular del tiempo.

Pema Chödron facilita en uno de sus libros una excelente metáfora sobre cómo los humanos buscamos el control y la seguridad a toda costa. Ella viene a decir que nos hallamos en medio del río de la vida y que únicamente somos capaces de sentir una ligera tranquilidad mientras podemos vislumbrar la otra orilla y disponemos de un tronco al que asirnos. Lo curioso es que la realidad de la existencia radica en no poder percibir la otra orilla ni contar con elementos artificiales a los que sujetarnos, salvo el sentimiento de fluir con la confianza de que llegaremos sanos y salvos allí donde estamos destinados a hacerlo.

Relacionamos las situaciones presentes con experiencias acaecidas, y extraemos conclusiones precipitadas sin reconocer que quizá se trate de algo diferente a lo que hemos de abrirnos para comprenderlo con toda su riqueza actual. Forzamos las circunstancias de hoy para que encajen en las categorías que formamos con anterioridad. Así, nuestras estructuras nos impiden contemplar el universo con una mirada fresca, objetiva, espontánea, con los ojos de un observador dispuesto a seguir aprendiendo.

No existe conocimiento conclusivo y eterno. A menudo lo utilizamos para asegurarnos que hay terreno bajo nuestros pies; recurrimos a él para afianzarnos en nuestras certezas, para poder erigirnos en posición de jueces, para evadirnos de la desazón que nos causa el caos que nos rodea. Sin embargo, la vida es un misterio, y hay que ser capaz de percibir esos trazos sutiles y evanescentes en los límites de nuestra mirada, en lo ambiguo y lo relativo. Reconocer la incertidumbre y la inestabilidad como partes inherentes de esta realidad, sin caer en la perplejidad permanente ni en la negación como torpe mecanismo de defensa. He aquí el inevitable reto que se nos presenta y debemos solventar tarde o temprano.

Hay mucha soberbia encubierta en el hecho de creer que lo sabemos todo. La arrogancia es la máscara banal que esconde la cobardía. La presunción es una puerta de acero que no permite el discernimiento ni posibilidad de expandirse. Cultivar una imagen sublimada de nosotros mismos nos separa del resto. La rigidez y el egocentrismo incitan a la intolerancia, ya que todo y todos comienzan a ser categorizados. Alardear orgullosos de poseer ciertos conocimientos o talentos, al igual que apoyarse en ellos para conseguir mayor poder y autoridad del que nos corresponde, supone un abuso y un método expeditivo para conseguir distanciarse de los congéneres (una persona prepotente es inaguantable), además de conducirnos a la autocomplacencia, impidiendo toda evolución en una dirección favorable. De este modo resulta ineludible transitar por los mismos recovecos habituales, atascándonos en idénticas telas de araña, sin poder salir jamás de los círculos que recorremos cansinamente una y otra vez.

Existe una conocida historia que habla de un profesor universitario que va a consultar a un maestro zen. Mientras el profesor no paraba de hablar sobre esta filosofía, el maestro seguía llenando la taza de té, la cual se fue desbordando hasta que el profesor no pudo evitar soltarle: «¡Está llena! ¡No ve que no cabe más!» A lo que el maestro le respondió:

«Usted es como esta taza. No le podré enseñar a no ser que vacíe su taza». Sin vaciar nuestra mente de autosuficiencia no podrá haber espacio para que entre nada diferente.

Para poder realizar proyectos ambiciosos e interesantes hemos de conservar la humildad de trastabillar, de seguir nuestras corazonadas, perdernos, equivocarnos, y tener las agallas de reinventar planes por puro placer, sin la presión del triunfo obligatorio. Las vidas mediocres están marcadas por el miedo a no ser capaces. Sin atenazarnos, comprendemos que los obstáculos emergen para hacernos más profundos y permitirnos avanzar hacia mayores niveles de competencia. Su aparición nos estimula a ser creativos con nuestros propósitos y constantes en las aspiraciones. ¿Qué interés despierta una actividad que hemos realizado miles de veces de igual manera?

El proceso de aprendizaje no debería cesar jamás. Necesitamos continuar desarrollando nuestro potencial, continuar nuestro crecimiento y expansión como individuos. Hemos de permanecer abiertos a nuevos retos y tareas en las distintas etapas de nuestra vida. El aprendizaje continuo significa involucrarnos en la vida con pasión, apreciar las sutilidades del movimiento de la existencia con toda su perfección: sonidos, colores, formas, la belleza exterior e interior, la grandeza de la naturaleza, y también lo más diminuto que nos rodea; participar de la transformación y de la unión de todo lo creado, sin perder jamás el sentido de la aventura.

Es cierto que con la edad tendemos a volvernos rígidos e intolerantes, nos aferramos a nuestros principios con inflexibilidad, perdiendo en el camino la capacidad (y las ganas) de adaptación. La madurez es un estado mental y tiene poco que ver con el paso del tiempo. No es asunto de la voluntad, es una cualidad de la imaginación, un vigor de la esperanza; es la frescura que mana de los manantiales profundos de nuestro ser. La juventud personifica la elasticidad de espíritu y el predominio de la valentía sobre la timidez, el valor del descubrimiento por encima de lo marchito, el interés por cultivarse en vez de escudarse altivos detrás de una sapiencia empolvada. Depende de nosotros que esto se limite a una historia de tiempos pretéritos o que pueda permanecer a lo largo de la vida. Los años pueden arrugar nuestra piel, pero son la falta de entusiasmo y la rigidez las que arrugan nuestra alma.

7

Miedo

«Adquieres fuerza, valentía y confianza a través de cada experiencia en la que realmente te paras para mirar el miedo a la cara. Has de hacer aquello que crees que no puedes hacer.»

ELEANOR ROOSVELT

Una de las cargas más pesadas que soportamos son nuestros miedos. Sin realizar un análisis exhaustivo para comprenderlos y observar cómo nos afectan y nos condicionan, es imposible liberarse de ellos. Para vencer al enemigo es imprescindible conocer su nombre, sus hábitos, su residencia.

El miedo es un anclaje de difícil identificación, pues a menudo se esconde en los terrenos nebulosos del inconsciente. Freud ya habló sobre lo poco que nos conocemos y lo poco que hacemos por intentar indagar sobre los propios comportamientos. Él declaró hace más de medio siglo: «No somos los dueños en nuestra propia casa. Pensamos que sabemos por qué hacemos lo que hacemos, creemos que sabemos quiénes somos y lo que sentimos, pero en verdad no sabemos mucho, sólo podemos ver la punta del iceberg».

Dos fuerzas principales rigen y mueven el mundo: el amor y el miedo. El amor es la energía expansiva que nos permite crear, elevarnos, brillar, ampliar las fronteras. El miedo es la energía que nos oprime, el culpable de nuestros infiernos particulares y nuestras guerras colectivas, el responsable de las opresiones, de la avaricia y la violencia, el que confina las creencias y las posibilidades, y en última instancia nos encadena sin remedio.

Son dos polos opuestos, como el día y la noche, el dios y el demonio; incapaces de cohabitar, si una está presente, la otra desaparece. Si encendemos una vela, la oscuridad se ilumina infaliblemente.

Muchos son los miedos que nos acechan en la clandestinidad. Sin reconocerlos y enfrentarnos a ellos se confabularán para desmantelar nuestros sueños y planes al despojarnos de libertad. Entre ellos pueden estar los siguientes:

La muerte
La vejez
La pobreza
El rechazo
La enfermedad
Lo desconocido
La pérdida de un ser amado

La presencia de estos miedos es una maldición para el mundo, y con frecuencia hacen su aparición en ciclos. En los periodos de guerra o de terrorismo, nos encontramos en el ciclo del miedo a la muerte. Cuando se pasa por una etapa de dificultades económicas, nos vemos inmersos en el ciclo del miedo a la pobreza. Cuando nos acercamos a los cincuenta y comprobamos que la juventud va quedando atrás, el miedo a la vejez se hace tangible. El miedo al rechazo atrofia el desarrollo porque impide lograr la independencia de espíritu sobre la que se basa el júbilo. Sin poder escuchar y seguir los impulsos que nos son propios (y no los gustos y dictados de la moda o de la cultura en la que estamos inmersos), es imposible lograr ningún tipo de bienestar duradero, ya que suprimimos esa voz interior que clama para ser escuchada. Como nos advertía Montaigne: «A lo que más temo es al temor, porque supera en poder a todos los demás», y como nos garantizaba Fidel Delgado en una clase «no hay mayor tumor que el temor».

Los miedos son sólo estados mentales. Nuestra mente puede controlarse y dirigirse en una determinada dirección. No hay nada que esté enteramente en nuestro poder salvo nuestros pensamientos. Por lo tanto, podemos estar seguros de que el miedo puede llegarse a dominar cuando tomamos conciencia del mismo.

Hay que comprender que los temores emergen como respuestas emocionales a pensamientos recelosos. Es decir, las causas de nuestros miedos se sitúan siempre en nuestra mente, no en amenazas exteriores. En verdad no nos amedrentamos ante algo real, sino que nos asusta aquello que creemos temer. Ésta es la base de toda aprensión: confiar que lo que piensas es cierto y objetivo. Es decir, el miedo se asoma a una mente que no se cuestiona sus propias conclusiones y asume como verdadero lo que ahí aparece. Asimismo, éste sólo se experimenta cuando nos proyectamos desde el pasado hacia el futuro. La historia que nos contamos sobre lo que sucedió es la que nos inclina hacia la desconfianza futura. Las heridas no sanadas nos llenan de recelos infundados. Las experiencias vividas de manera dolorosa nos predisponen al temor, fertilizando un terreno

ideal para los más dispares desasosiegos. Los rencores sin
sanar menguan el espíritu. Las batallas perdidas nos acosan
y nos amenazan con perder la guerra. Los lastres que arras-
tramos ralentizan nuestra marcha y la hacen mucho más
fatigosa. Como el humorista Will Rogers decía: «He tenido
algunas experiencias terribles en mi vida, y la mayoría de
ellas nunca sucedieron».

El miedo es un sentimiento tan fuerte e insidioso que
tiende a ocupar todo el espacio. Si está presente, la valentía
desaparece. Su ímpetu es tal que paraliza la facultad de razonar, destruye la imaginación, mata la confianza en uno mismo, mina la determinación, fomenta la pasividad, destruye
la posibilidad de pensar con precisión, desvía la concentración del esfuerzo, desprecia la voluntad, menoscaba la ambición, nubla la memoria e invita al fracaso. Por si no fuera
suficiente, asesina el amor, las emociones más bellas que nacen del corazón, e invita al desastre de mil formas, viéndo-
nos abocados al insomnio y a la aflicción, sembrando gér-
menes de pura desventura.

No solemos percibir cuán afectados estamos por nuestras
aprensiones. La mayoría de la gente —cuando se la interroga
sobre esta cuestión— afirma no tener miedo a nada, pues
resulta difícil percatarse de cómo se encuentran socavados,
atados y obstaculizados por alguna forma de temor. Se trata
de una emoción tan traicionera y asentada en nosotros que
podemos vivir perfectamente toda la vida arrastrándola sin
reconocer su presencia. Esto sucede porque nos hemos des-
conectado de nosotros mismos —de nuestra esencia— para
protegernos. Así, hemos perdido contacto con nuestras
necesidades y razones verdaderas de muchos de nuestros
comportamientos —en apariencia tan racionales—, y nos
refugiamos en actividades y conductas que continúan ais-

lándonos. Ansiamos alejarnos de aquello que nos incomoda en lugar de acercarnos a nuestro ideal. Las respuestas que emitimos cuando nos encontramos amedrentados tratan de disimular un sutil sentimiento de vulnerabilidad y nos impulsan a continuar desde las estrategias de supervivencia, apartándonos así de nuestra rica vida interior y del terreno fértil de nuestro propio ser.

Una amiga psicóloga me dijo en una ocasión: «Todos experimentamos miedo, pero a menudo lo ocultamos como preocupación por el bienestar de otra persona». ¿No es cierto? Soy de la opinión que únicamente tras un valiente examen de nosotros mismos, de nuestro carácter, de nuestros «demonios» y «sombras» podemos revelar la estampa de este enemigo universal. Sólo mediante este procedimiento podremos cambiar la relación establecida con nuestras tinieblas para lograr vivir desde un lugar de mayor coherencia, confianza y alegría.

Es el miedo el que estimula a los alcohólicos a seguir bebiendo, a los adictos a continuar con su adicción y a la persona común a no interesarse nunca por sus mecanismos de reflexión. La cobardía ante la verdad sombría de la psique humana impide disfrutar del gozo de la luminiscencia. Resulta una gran ironía: recelando de las sombras se termina por temer al propio amor. La escritora Marianne Williamson escribe: «Nuestro miedo más profundo es que somos poderosos más allá de cualquier medida. Es nuestra luz, no nuestra oscuridad lo que más nos atemoriza».

¿Por qué esto es así? En los primeros años de nuestra vida, tanto si sufrimos algún abuso o trauma, como si pasamos por las dificultades inherentes de la infancia, aprendemos a resguardarnos del dolor que la vida representa, nos construimos mecanismos de defensa para poder superar las decepciones. El problema surge cuando nos aferramos a esas protecciones infantiles y las mantenemos en nuestra edad adulta —como la mayoría hacemos de forma inconsciente—, de tal modo que terminamos con un estilo de vida que acarrea más inconvenientes que beneficios porque aspiramos a escapar de nuestros recelos, que en forma de sombra sin integrar, nos atenazan y dirigen nuestros pasos como un vehículo teledirigido.

En realidad nos aterroriza enfrentarnos a nuestras turbaciones. Queremos aparecer seguros de nosotros mismos ante los demás. No obstante, somos vulnerables y tememos el fracaso, la humillación, el sufrimiento, la pérdida, el dolor, la muerte. A menudo nos cuesta percibir nuestro terror a la muerte, y por lo tanto no podemos reconocer nuestros miedos durante la vida. Nos disgusta presentarnos como frágiles o neuróticos. No queremos admitir nuestra fragilidad ni nuestra confusión. Nos cubrimos con la máscara de la bravura y actuamos tan convenientemente bajo este rol que conseguimos incluso engañarnos a nosotros mismos. Pero detrás de esa imagen que intentamos mostrar subyacen cuestiones irresolutas, facetas de las que no nos sentimos particularmente orgullosos, aspectos que no logramos comprender, y por lo tanto negamos en redondo… El famoso terapeuta alemán Bert Hellinger nos adelanta: «Quien se acobarda ante la realidad, tal y como se presenta, es porque interiormente tiene el deseo de que sea diferente, y así, irremediablemente, se debilita». Si no logramos aceptarnos tal y como somos, incluyendo nuestras debilidades e incompetencias, admitiéndonos en nuestra totalidad —con luces y sombras— jamás podremos progresar ni conquistar nuestras ancladas aprensiones. Como bien escribía Anaïs Nin: «Nuestra vida se encoge o se expande en función de la valentía que uno tiene», y ésta se puede incrementar por el mero hecho de enfrentarnos de frente a lo que más tememos y sin buscar excusas.

8

Envidia

«La envidia dispara a los otros pero se hiere a sí misma.»

PROVERBIO INGLÉS

El Diccionario de la Real Academia define la envidia como «tristeza o pesar del bien ajeno». Es una agobiante sensación de entrar —de forma espontánea e irrefrenable— en una competición con el otro en la que siempre se pierde. El sentimiento produce una insidiosa incomodidad al ansiar fervientemente lo que otro posee de una manera irracional, imprudente, viciosa, desproporcionada y perjudicial.

Desde el punto de vista cristiano, santo Tomás de Aquino incluyó la envidia como uno de los siete vicios humanos, lo que suelen llamarse pecados capitales. La envidia representa el malestar que uno siente por los bienes (o talentos) que otra persona posee, pudiendo con esa animadversión incluso destruir al envidiado. Sin duda, ser dominado de esta manera resulta una verdadera lacra y uno de los vicios más graves. También constituye uno de los más sorprendentes, pues a diferencia de los demás, la persona envidiosa no obtiene beneficio del mismo.

El que las personas sean envidiosas es una de las razones por las cuales muchos cristianos arguyen que la naturaleza humana es fundamentalmente corrupta. La envidia es por lo tanto nefasta para el que la siente, pues él solo es la víctima. Si nos molesta que otro goce de más triunfos, dinero o cualidades que nosotros, ¿qué conseguimos permitiendo que los celos nos torturen? Cuando la visión egocéntrica nos obnubila y nuestro complejo de inferioridad se impone y nos confunde, llegamos a convencernos de que nos sentimos mejor con nosotros mismos cuando a los demás les va mal. Pero ¿no es ésta una noción irracional?

Si enfocamos y cimentamos nuestro bienestar en el resarcimiento, terminamos por exigir el ojo por ojo, con el triste resultado de un ciego más en un mundo ya plagado por el dolor. Cuando se llega a la complacencia por la miseria de los demás, significa que la calidad de nuestra vida ha llegado a niveles ínfimos. La verdadera felicidad no puede coexistir con la envidia, el rencor o la venganza. Estas emociones toman a la persona como prisionera, encarcelándola en su propia prisión de resentimiento, pudriéndose en su propia mezquindad.

El cineasta Vittorio de Sica decía: «La indignación revestida de moral es en la mayoría de los casos un dos por ciento moral, un cuarenta y ocho por ciento indignación, y un cincuenta por ciento envidia». Y es que la aparente rectitud frecuentemente enmascara el deseo de situarse en la posición del trasgresor. Cuando la gente se obsesiona con el comportamiento de otra persona, se suele deber a una tentación encubierta hacia dicho comportamiento. El blanco de sus críticas y de su irritación refleja y representa aquello que más temen de sí mismos y se halla escondido en el fondo de su inconsciente. Cuando uno se encuentra en la crítica repetida y en el ataque despiadado, éste sería el momento adecuado para hacer un examen de sí mismo, las motivaciones subyacentes y cuánto puede haber de proyección en dichas actitudes.

A menudo ciframos nuestro bienestar como medida comparativa en relación a los demás. Recuerdo la respuesta de un alumno de un máster a la pregunta que formulé sobre los mecanismos que utilizaban para superar los momentos de baja moral. Este estudiante respondió: «Pienso en otros que están peor que yo y entonces me siento afortunado». Una réplica muy en la línea del proverbio persa: «Lloré porque no tenía zapatos, hasta que encontré un hombre que no tenía pies». En la mayoría de las ocasiones nuestra sensación de ventura depende de la de otros. Una persona medianamente inteligente puede sentirse ignorante al rodearse de superdotados, como un deportista amateur se considerará lento si entrena con atletas de élite. A esto se le llama «concepto de privación relativa». Si se trabaja en una empresa en la que se conceden ascensos con relativa facilidad, los empleados se frustran cuando no son ascendidos con asiduidad, ya que se han establecido expectativas muy altas. De igual modo, cuando un club ficha a un futbolista por una suma millonaria, los compañeros de equipo tienden a sentirse descontentos con su propio salario, aunque éste sea elevado. Sin embargo, hay que cuidarse de la contumaz manía de compararse siempre con los demás. Como enuncia un sabio hindú: «Cada segundo que inviertes pensando en los sueños de otro, te estás apartando de los tuyos».

Ejemplos como éstos ayudan a comprender por qué la mayoría de la gente con un nivel de ingresos medio-alto se siente satisfecha al compararse con los pobres. Sin embargo, una vez alcanzado un cierto nivel de prosperidad, un ligero aumento del nivel económico apenas afecta a la felicidad. ¿Por qué? Los estudios revelan que a medida que las personas ascienden en la escala del triunfo, se equiparan a los pares que están al mismo nivel o en uno superior. Bertrand Russell escribía: «Los mendigos no envidian a los millonarios, sino que envidian a otros mendigos con más éxito». Pero claro, llevando esto un poco más allá podemos caer fácilmente en el círculo vicioso de la envidia, el cual desencadena un pérfido envenenamiento interno. El propio Russell afirmaba también: «La envidia consiste en ver las cosas no por sí mismas sino en relación con otras. Napoleón envidiaba a César, César envidiaba a Alejandro Magno, y Alejandro, me atrevo a decir, envidiaba a Hércules, quien nunca existió. Por ello no es posible alejarse de la envidia sólo a través del éxito, ya que siempre habrá alguien en la historia o la leyenda que tuvo más éxito que tú».

9

Deseo

«Los deseos son como el agua salada. Cuanto más bebes, más sed tienes.»

BUDA

El deseo es el elemento más básico de la naturaleza humana y de la identidad personal. Es la energía de la vida, la esencia de la motivación, fuente de felicidad y desgracia, generador de religión, ciencia, medicina, psicoterapia y arte. Representa el problema central de la ética y la moralidad. Es la llave del reino de los cielos y el billete para el infierno. Es la esencia de toda neurosis también. Por ello, analizar y comprender nuestros deseos constituye el secreto de la dicha.

Bernard Shaw afirmó: «En la vida hay dos grandes tragedias. Una es no conseguir lo que tu corazón desea. La otra es conseguirlo». Estamos atrapados en esta paradoja: cuanto más ambicionamos algo, más tememos no conseguirlo. Es como si al estar a punto de alcanzarlo, nos asustara la pérdida de dirección, pues ha sido su persecución lo que ha dotado de significado a nuestra vida.

Nuestros deseos constituyen la raíz del sufrimiento porque pensamos que colmarlos nos aportará placer y ventura, cuando en realidad están teñidos de ansiedad; si bien la tendencia general del individuo y la sociedad es evitar tomar conciencia de ello. La ciencia nos ha mostrado que los circuitos cerebrales asociados al placer y al disfrute no son los mismos que los asociados al deseo. A menudo, ambos funcionan simultáneamente, de modo que codiciamos las cosas que nos gustan, pero la adicción fortalece las conexiones relacionadas con el deseo al mismo tiempo que debilita las asociadas con el placer. El hecho de que la sensación de placer o disfrute disminuya a medida que aumenta nuestro deseo, implica necesariamente que cada vez disfrutamos menos y deseamos más. Por ello, seguimos anhelando pero nos contenta menos el objeto de nuestro deseo. Es ésta una de las principales paradojas que entraña este apetito: la incapacidad de saciarlo. Es la espiral inacabable del anhelo y el «necesito más». ¿Más de qué? Más de todo.

El deseo es un afán que parece poseer vida propia, constantemente alerta buscando nuevas maneras de saciar su sed. Hasta que asumimos que esa vehemencia permanecerá por siempre insaciable mientras supongamos que aquello que precisamos se halla fuera de nosostros mismos. De ahí la necesidad de ejercitar la observación y el control mental. Así mostramos a nuestros caballos desbocados que poseemos una fusta y que estamos al mando. Esto no quiere decir que haya que renunciar a la ambición o a la superación. La diferencia radica en nuestra actitud. Si nunca estamos satisfechos, siempre correremos en pos de algo o alguien que supuestamente colmará nuestras carencias; nos distraeremos afanados por experiencias de interés relativo, y malgastaremos nuestras fuerzas buscando aquello que probablemente no existe más que en nuestra imaginación. En el Bhagavad

Gita, Krisnha advierte que el camino hacia la liberación parece veneno al principio pero sabe como el néctar al final, mientras que aquel que sabe a néctar al comienzo a menudo termina convirtiéndose en veneno amargo.

Asimismo, nuestros deseos no son siempre recomendables. La dificultad está en que el deseo rara vez nos inspira a pararnos y reflexionar. Al contrario, nos empuja a actuar, y resulta complicado ignorarlo, aplicar resistencia o reprimirlo. Nos impele a avanzar, haciendo caso omiso a la razón que nos recomienda prudencia, de modo que seguimos golpeándonos contra un muro en un intento absurdo y desatinado de conseguir nuestros anhelos, incluso arrastrando y derribando a otros con nuestra obstinación. Amordazamos los mecanismos reflexivos de la inteligencia, sustituyéndolos por un conglomerado de emociones automáticas. Los humanos somos expertos en la negación y el engaño. Por eso, cuando la influencia del deseo es tan grande que interfiere en nuestra facultad de pensar racionalmente, los pretendidos riesgos calculados pueden encontrarse gravemente distorsionados por la urgencia de la gratificación inmediata. Algo recurrente, pues como decía antes, nuestros apetitos son ilimitados; tras la satisfacción de uno, hay otro que llama a la puerta inmediatamente. Muchos son los que intentando saciarlos se autodestruyen consumidos por una sed que nada puede calmar.

El deseo de los animales es indivisible del instinto, y se reduce a cazar y alimentarse, asegurar su territorio y, cuando está en celo, a reproducirse. El deseo, pues, es el impulso a través del cual la naturaleza cumple su destino. Es el esfuerzo del universo para colmar su potencial, para crecer, cambiar y diferenciarse. Es la energía de la evolución. Pero la vida es algo más que movimiento. Debemos encontrar un lugar

para detenernos: para el reconocimiento y la reevalua-
ción, para dormir y tomar vacaciones, para renovarnos y
reflexionar; e inevitablemente, para morir. El universo entero es una mezcla de actividad y descanso, esplendor y decadencia. «Ir» y «Parar» no existen el uno sin el otro. Son el yin
y el yang, la vida y la muerte.

El ser humano tiene mucho de animal, y el deseo representa esa parte. El apetito, la ambición, el descanso, el afán
de notoriedad, la gloria, y el sexo conforman la estructura de
la condición humana. Sin embargo, hay un aspecto del deseo
que es completamente diferente al de los animales y nos hace
seres más complejos y completos. Es el que surge con el lenguaje, a través del cual se llega al cuestionamiento personal,
a la conciencia y a la cognición. Es el que permite articular
las carencias, las consecuencias, los objetivos y las responsabilidades. Es el que nos diferencia porque nos permite recapacitar, contemplarnos e incluso conceptuar.

En la infancia los apetitos que surgen son sólo sensuales,
relacionados con las percepciones del cuerpo, como los del
animal. Al crecer se aprende a través de la socialización a
modificar el deseo. Es el proceso que en psicología se deno-
mina «sublimación» y corresponde a la distinción fundamental entre los deseos animales y los humanos. Es la evolución de la pretensión de alimentarse a la de nutrirse, el deseo
de fornicar al de hacer el amor, el de matar en la batalla al de
vencer en el deporte. De alguna manera supone una transformación gracias al lenguaje del «ir» animal a la motivación, aspiración y ambición; y del «parar» animal a la prohi-
bición, la paciencia, y también la culpa humana.

La socialización del niño conlleva una relativa mutación
de la conciencia del cuerpo y los sentidos, a la conciencia de
la mente y las relaciones con ella. Esta evolución ocurre me-

diante la represión de la avidez de placeres sensuales y la obtención de los mismos para convertirse en una aspiración de felicidad: el deseo de vida, de significado, de propósito, de éxito, de victoria, de trascendencia, de unión espiritual en busca del éxtasis eterno. Así, el niño renuncia a la primacía del cuerpo y sus placeres inmediatos para buscar el bienestar futuro. Este proyecto convierte con el tiempo el deseo sensorial en ambición. Influido por la educación, el niño formula un objetivo vital: llegar a ser doctor, abogado, ejecutivo, casarse y tener hijos, hacerse rico o famoso, alcanzar el éxito, poseer bienes materiales, subir a la montaña más alta, alcanzar la iluminación. Este proyecto vital proporciona propósito y significado a la existencia. Es la personificación del deseo de vivir. El perfeccionamiento de esta aspiración da paso a la metamorfosis del animal sensual al humano moral, como si la apetencia sólida de alimentos y sexo se evaporara en el hambre etérea de autoestima e inmortalidad.

Esta transformación no sólo deja sin resolver el problema humano, sino que lo complica. Como en nosotros coexisten deseos a estos dos niveles diferentes y contradictorios, el ego aparece como la columna de sujeción central. En el siglo pasado Bertrand Russell escribía: «La ética es necesaria porque los deseos del hombre son conflictivos. El objetivo de la ética es, primero, encontrar un criterio por el cual distinguir entre los deseos buenos y los malos; segundo, gracias al elogio y la culpa, promover los buenos deseos y disuadir los perniciosos».

El padre de la Inteligencia Emocional, Daniel Goleman, menciona un experimento psicológico fascinante llevado a cabo con niños menores de cuatro años. En dicho experimento se muestra a los niños unas golosinas, prometiéndoles que se premiará con una adicional si son capaces de esperar veinte minutos antes de comer la que les corresponde. En efecto, este test constituyó una manera muy precisa de predecir quién conseguiría éxito en la vida adulta: precisamente aquellos que fueron capaces de posponer la gratificación inmediata por una recompensa futura.

Este aparentemente simple ejercicio capta uno de los dilemas esenciales del ser humano: ¿Puedo controlar conscientemente mis ansias, mis apetitos, mi lujuria para obtener reales beneficios en el futuro para mí y los demás? Sólo comprendiendo que la verdadera satisfacción no procede de la persecución loca de los placeres apremiantes ni del delirio del yo, y que al espíritu no le interesan demasiado los entretenimientos y goces efímeros, seremos capaces de encontrar esa serenidad y dicha a la que aspiramos.

Si todo lo placentero resultara beneficioso, ni la moral ni la ética tendrían razón de ser. La gente simplemente se comportaría con total complacencia e irreverente ardor en la consecución de sus ambiciones al margen de la integridad o la ley. El problema de la ética sería suplantado por el hedonismo y el placer aparecería como el bien absoluto. No obstante, ésta es una fantasía, no una realidad. Nuestro paraíso se perdió cuando nuestros caprichos egoístas empezaron a sembrar sufrimiento propio y ajeno. Este principio tendría razón de ser si comprendiéramos nuestra íntima e intensa relación con la totalidad de los seres que habitan este planeta, actuando con empatía de manera natural, advirtiendo que todos estamos de algún modo conectados, y que al herir a otro de alguna manera repercute directamente en mí... si fuéramos capaces de comprender lo que sostiene Deepak Chopra: «La manera más fácil de tener lo que quieres es ayudar a otros a tener lo que quieren». Como por desgracia esta raza aún no ha llegado a ese grado de desarrollo de conciencia, parece que la ética todavía tiene razón de ser.

En cualquier caso, no hay que llegar a la conclusión errónea de promover la abnegación, pues ésta comporta rasgos de autodestrucción. La autorregulación es muy distinta del sacrificio. Regular el propio comportamiento representa una elección activa. El respeto del prójimo comporta actuar con responsabilidad, intentando no realizar acciones que puedan perjudicar a otros, causarles privaciones o aflicción. Cuando nuestra propia conducta benefactora nos proporcione deleite por sí misma, será señal inequívoca de que hemos evolucionado. Es por ello que en las filosofías orientales se suele resaltar que la medida de nuestro progreso reside en comprobar qué es lo que nos produce contento.

10

Ignorancia

«A menudo sacamos conclusiones precipitadas debido a la oscuridad de nuestra ignorancia; lo cual nos hace experimentar pensamientos, emociones y acciones negativas. Golpeamos insistentemente una cuerda en la penumbra tomándola por una serpiente, hasta que encendemos la luz y comprobamos que sólo era fruto de nuestra ilusión.»

IVOR HARTMANN

La ignorancia no es sólo ausencia de conocimiento. No es únicamente la negación o la falta de entendimiento de los hechos de la existencia. Es un término que me gustaría utilizar para designar la incapacidad de percibir la realidad tal y como es, y no la falta de educación o formación académica.

Distinguimos sólo lo que consideramos que merece nuestra atención, y dejamos de lado todo lo que no nos interesa. Nuestra visión de la realidad está tergiversada; escogemos un número limitado de elementos y anunciamos que se trata del universo. De igual modo, seleccionamos la imagen sin ahondar previamente en el fondo. Ansiamos el placer, representado por la imagen dominante, y pretendemos soslayar el dolor que está en el fondo. Vislumbramos una reducida parcela del universo desde la diminuta ventana a la que estamos asomados y pretendemos anunciar que contemplamos la totalidad de lo existente. Nos dejamos embaucar por los espejismos engañosos de nuestras propias proyecciones. Optamos por utilizar una percepción restringida en nuestra interacción con el mundo, de tal modo que nuestra conciencia de la realidad queda secuestrada por la fascinación de los sentidos. Como se señala en el Talmud, «no vemos las cosas como son, las vemos como somos nosotros».

Hace más de dos mil quinientos años, Buda Shakyamuni decía: «La liberación de la ignorancia proviene de la comprensión de que causa y efecto son inseparables, y están en la base de todas las cosas y fenómenos». La ignorancia se extiende asimismo a la falta de discernimiento entre lo que debemos obtener u obviar para alcanzar la felicidad y evitar el sufrimiento. Es también la habilidad para proyectar en el mundo lo que no está presente como pretendemos, creando un espectáculo ilusorio, lo que los hindúes llaman *maya*. El artificio que nos hace creer que ahí fuera existe aquello que tanto deseamos, y que la felicidad eterna —con puntos de referencia fijos y en un entorno sólido e inamovible— se encuentra en el exterior también. Es decir, solemos contemplar personas y objetos de una manera falsa, dejándonos seducir por el brillo de formas carentes de contenido, y en cuanto tomamos el tiempo de examinarlas de cerca advertimos los defectos. Por esta razón la llamada renuncia de los místicos es relativamente fácil, pues no consiste en abandonar lo bueno y bello. No implica donar todos nuestros bienes y retirarse a vivir a un monasterio o aislarse como un eremita, dejando la responsabilidad de cuidarnos a otros. Nada más lejos de la realidad. La renuncia simboliza en este caso desembarazarse de lo insatisfactorio para acercarse con determinación hacia lo realmente trascendental. Y sobre todo adquirir libertad al distanciarnos de la confusión mental y las aflicciones que nos encadenan a la insatisfacción sin aparente fin, como ilustra la siguiente historia:

«Un joven viudo que amaba profundamente a su hijo de cinco años, estaba de viaje cuando unos bandidos quemaron su pueblo y raptaron a su hijo. Cuando el viudo regresó, contempló las ruinas del pueblo y sintió pánico. Vio un cuerpo calcinado y pensó que era el de su hijo. Lloró de manera inconsolable. Organizó la cremación del cuerpo, recogió las cenizas y las puso en una bolsa de tela que llevaba siempre consigo.

Al poco tiempo, su hijo consiguió escapar de los bandidos y regresó al pueblo. Llegó a la nueva casa de su padre y llamó a la puerta.

El padre seguía desconsolado. ¿Quién es?, preguntó.

El niño contestó: ¡Soy yo, papá, abre la puerta!

Pero el padre, desesperado, pensó que el niño se burlaba de él. Gritó: ¡Vete!, y siguió llorando.

Finalmente el hijo se marchó y nunca volvió a ver a su padre.

Dijo el Buda: "En algún momento, en algún lugar, crees que algo es verdad y te aferras a ello de tal manera que aunque la propia verdad venga a llamar a tu puerta, no le abrirás".»

Creo que renunciar a nuestras manidas posiciones constituye una alternativa constructiva y positiva a las reaccio-

nes habituales, que suelen limitarse a hacer girar la noria
más rápido aspirando a borrar todo vestigio de desamparo:
salir de copas, mantenerse lo más ocupado posible para no
sentir, beber para olvidar, drogarse para mantenerse en la
cresta, engancharse a Internet para no percibir la soledad,
calmar el vacío interior con sexo y la ansiedad con comida,
comprar compulsivamente sin necesidad, convertirse en
un adicto al trabajo, embelesarse con la televisión para paralizar el cerebro… Opciones de consecuencias nefastas,
porque a la postre todas las semillas que hemos sembrado
terminan por germinar, tanto las flores como las plantas
venenosas, aunque a menudo sólo somos capaces de percibirlo con la madurez, una vez que las consecuencias de
nuestros comportamientos dejan hechos fehacientes, y a
menudo irreversibles. Cultivar la actitud interna lleva tiempo, constancia, atención y gran disciplina. La realidad es
que la mayoría de nosotros somos demasiado vagos o nos
falta el interés y la motivación que se precisa. Preferimos,
como decía Henry David Thoreau «llevar vidas de desesperación silenciosa» aunque soterrada y maquillada por las
apariencias, viviendo a través de las imágenes facilitadas
por la televisión e Internet y gente que se erige como reyes
de la mediocridad y lo insustancial.

A lo largo de la historia, muchos filósofos y religiosos han
compartido la idea del concepto de una realidad engañosa.
Calderón de la Barca escribía:

«¿Qué es la vida?
Un frenesí.
¿Qué es la vida?

Una ilusión, una sombra, una ficción;
y el mayor bien es pequeño;
que toda la vida es sueño,
y los sueños, sueños son.»

Las grandes filosofías orientales piensan que el hecho de considerar el yo y el universo como partes de una dualidad irreconciliable es fruto del delirio, lo cual nos lleva a creer firmemente en nuestros propios espejismos. La ignorancia se refiere, pues, a lo que percibimos en nuestra conciencia diaria y tomamos como condiciones objetivas, en las que nos quedamos enredados debido a nuestra visión terciada. Como decía el místico tibetano Dagpo Lha Djé hace muchos siglos: «Aquel que considera las sensaciones resultantes de cualquier tipo de práctica física como de importancia primordial y pierde de vista los dominios del espíritu, se asemeja a un hombre que toma un pedazo de cobre dorado por oro puro».

Según la tradición budista, existen sufrimientos obvios como son el dolor, la hambruna, la enfermedad, etcétera, que pueden sucederse los unos a los otros o incluso presentarse simultáneamente. Representan las formas más comunes de padecimiento, si bien existen otras más sutiles que provienen de tomar los placeres y satisfacciones momentáneos como síntomas de felicidad, lo cual conlleva inevitablemente a una espiral de aflicción. De hecho, desde la perspectiva convencional consideramos que estos momentos pasajeros son la única fuente de placidez posible; en verdad encierran en sí mismos la simiente del dolor futuro. Por ejemplo, cuando estamos sedientos, nuestra obsesión consiste en saciar la sed. Llegamos a una fuente y bebemos uno, dos, tres vasos, hasta que la sensación se calma. El

problema es que si seguimos bebiendo sin parar, la delecta-
ción se empieza a neutralizar, y seguir tragando agua se
convierte en una auténtica molestia. Nuestra satisfacción
inicial se evapora y termina por resultar un tormento si
continuamos ingiriendo líquido ininterrumpidamente. Confundir el placer momentáneo con la dicha duradera puede
resultar calamitoso, pues nos impele a perseguir objetivos
erróneos.

La ignorancia es la que nos lleva a atribuir cualidades
ficticias a los objetos y a las personas. Es la que nos conduce a la atracción o repulsión continua, a nuestros juicios
confusos sobre la belleza o la fealdad; lo que despierta la
motivación continua de rechazar o codiciar. Sin desarrollar una capacidad de discernimiento, nuestras construcciones intelectuales se convierten en distorsiones mentales
que poco tienen que ver con la realidad, basadas en la experiencia pasada, en nuestros anhelos y propósitos, en nuestros temores, en lo que nos place y lo que aborrecemos, en
nuestras acuciantes necesidades, en contorsiones mentales
que nos subyugan... Sólo al comprender este mecanismo que
nos arrastra de forma involuntaria podemos convencernos
de las ventajas que supone desarrollar cualidades mentales
ejemplares (a través del examen interior y la meditación,
por ejemplo) con el fin de no dejarnos engatusar por apariencias y percepciones arbitrarias, y por ende contar con
la capacidad de contemplar el mundo de manera más neutral, al margen de incesantes y agotadores juicios de valor.
En lugar de ampararnos en nuestras convicciones, hemos
de proveernos de estrategias flexibles que nos permitan
abordar el mundo con apertura de espíritu, y mantener la
suficiente amplitud mental para dudar de la santidad de
nuestras convicciones, para así poder evitar caer en lo que

apuntaba el escritor Napoleon Hill: «Una de nuestras mayores debilidades es el hábito de medirlo todo y a todos a través de nuestras propias impresiones y creencias».

11

Ansiedad, estrés y exceso
de preocupación

«Tenemos que mantener el ánimo, recordando que las
peores desgracias son aquellas que nunca llegan.»

JAMES RUSELL LOWELL

El estrés y la ansiedad afloran como consecuencia de una
situación de emergencia que impulsa al cerebro a ponerse en
guardia. La reacción interna persigue preparar el cuerpo
para la acción defensiva contra el posible ataque. La respuesta biológica inscrita en nuestro organismo está destinada a la
lucha o la huida; es la estrategia de nuestro cuerpo para pre-
venirnos de un peligro inminente y prepararnos para la defensa contra situaciones amenazantes. Es decir, es el mecanismo automático que facilita disponer de recursos para
enfrentarse a situaciones que se suponen excepcionales. El
problema es que, aunque estos escenarios extremos son in-
sólitos en este periodo evolutivo, seguimos reaccionando
exageradamente a los estímulos exteriores, como en la época
prehistórica.

El estrés es un fenómeno que se presenta cuando las demandas de la vida resultan demasiado difíciles. La persona se siente ansiosa y tensa, y advierte una mayor rapidez en los latidos del corazón. Este estado se desencadena como reacción a la presión, ya sea del mundo exterior o del interior de uno mismo, y lo produce el propio instinto del organismo de protegerse de las presiones físicas o emocionales, o bien en contextos límite. El estrés se manifiesta como la respuesta del cuerpo (en la que participan casi todos los órganos y funciones) a condiciones que perturban el equilibrio emocional de la persona. Como resultado de este proceso se experimenta un deseo de escapar de la situación que lo provoca o bien se confronta violentamente.

Cualquier suceso que genere una respuesta emocional puede causar esta clase de tensión. Quedan incluidas tanto situaciones positivas (el nacimiento de un hijo, matrimonio, un nuevo empleo) como negativas (muerte de un familiar, despido laboral). También puede surgir por irritaciones menores, como esperar demasiado en una cola o encontrarse en medio de un atasco. Sus causas pueden ser innumerables, y siempre subjetivas. No son las situaciones las que marcan la diferencia, sino el talante con el que son percibidas.

Si bien la inyección de adrenalina puede resultar estimulante en momentos puntuales, su acción continuada termina siendo perjudicial, pues supone un desgaste sustancial para el organismo. Si se repite con excesiva frecuencia, intensidad o duración, puede producir la aparición de trastornos psicofisiológicos como depresión o enfermedades cardíacas. Este mecanismo que en momentos concretos puede salvarnos la vida, se convierte en un enemigo mortal cuando se dilata en el tiempo. Las condiciones de hacinamiento, las presiones económicas, la sobrecarga de trabajo, el ambiente competitivo, etc., son circunstancias que se perciben inconscientemente como amenazas. Esto nos lleva a reaccionar a la defensiva, nos volvemos irritables y padecemos las consecuencias nocivas en el organismo debido a los cambios químicos que el cerebro segrega y transmite al resto del cuerpo. Aunque a menudo los médicos recetan antidepresivos y tranquilizantes para hacer frente a estos efectos dañinos, su uso a largo plazo no es recomendable como solución.

Como la ansiedad parece haberse convertido en la forma de vida habitual en nuestros países occidentales, no solemos ser conscientes de la cantidad de estrés que generamos y la carga que esto representa, ya que vivimos de manera mecánica, con el piloto automático puesto. Como dice Zygmunt Bauman, «corremos sobre fino hielo». Si algo determina nuestro tiempo, es eso, la velocidad. Ante la sensación de patinar rápido sobre esa capa fina, y ante el peligro de hundirnos en cualquier momento, almacenamos una angustia latente. Hay un cuento oriental que lo ejemplifica con evidente gracia:

«Le preguntaron al Maestro qué pensaba él de los avances de la tecnología moderna. Ésta fue su respuesta:

—Un profesor bastante distraído llegaba tarde a dar su clase. Saltó dentro de un taxi y gritó: "¡Deprisa! ¡A toda velocidad!"

Mientras el taxista cumplía la orden, el profesor cayó en la cuenta de que no le había dicho adónde tenía que ir.

De modo que volvió a gritarle: —¿Sabe usted adónde quiero ir?

—No señor, dijo el taxista, pero conduzco lo más rápido que puedo.»

El modo de vida que llevamos hace que la mente se re-
vuelva de manera sediciosa, agitada, y que vague entre los
recuerdos del pasado o anticipe el futuro, obviando el presente. En realidad pasamos nuestro tiempo poniendo par-
ches al barril que encierra el flujo de la vida. Por supuesto, se
trata de una ilusión vana porque poco a poco se van abrien-
do boquetes, y por mucho que corramos de un lado a otro
intentando frenar el flujo que se escapa de nuestro control,
nunca podremos cubrirlos todos. Jamás disponemos de los
mecanismos necesarios para impedir que surjan emergen-
cias y dificultades; y cuando éstas llegan, nos sentimos impe-
lidos a precipitarnos —si no física, sí mentalmente— a apa-
gar el fuego sin dilación, acumulando una tensión nerviosa
muy perjudicial. Con esta visión, siempre hay algo por lo
que preocuparse, alguna cuestión que nos intranquiliza y
nos desazona... y así resulta tarea baldía encontrar una calma duradera. En realidad no hay por qué excluir nada de lo
experimentado, pues nada es indigno de nuestra aceptación.
Una vez cesamos los juicios, también podremos suspender
nuestras luchas contra lo que tuvo que haber ocurrido. Sólo
de este modo liberamos nuestra energía para dedicarla a
otros propósitos más útiles. En una ocasión preguntaron
a un lama con el que estábamos estudiando cuál era el secreto de su evidente serenidad. Su respuesta se grabó en mí para
siempre: «Cooperar incondicionalmente con lo inevitable».

Es cierto que con las exigencias diarias de la vida moderna, no podemos evitar un leve nivel de estrés; sin embargo, cuando éste interfiere en la calidad de vida, se debe
actuar. Existen individuos que experimentan estrés agudo
con frecuencia; sus vidas están tan desordenadas que dan
la impresión de estar inmersos en la crisis y el caos de forma permanente. Van siempre corriendo, pero llegan tarde.

Si vislumbran que algo se puede torcer, al final terminan provocándolo. No son capaces de organizarse y hacer frente a los requerimientos e imposiciones que ellos mismos se infringen y reclaman toda su atención. Sin que ninguna gran catástrofe haya asolado sus existencias, la acumulación de pequeños hechos, y su percepción de los mismos, les llevan a un desequilibrio persistente. El estrés cumple su propósito si lo tomamos como una alarma encargada de avisarnos del momento en el que las circunstancias nos han sobrepasado y nuestra pretensión de control no está consiguiendo los resultados pretendidos. Siempre y cuando distingamos que es el momento adecuado para detenerse y averiguar dónde derrapamos para encontrarnos caminando con los pies en el barro.

Tendemos a sobrevalorar nuestra importancia en el mundo y, en consecuencia, estimamos que aquello que nos acontece supone una verdadera hecatombe de consecuencias planetarias, precisamente porque somos incapaces de situar los acontecimientos en perspectiva. Esto nos propulsa a esforzarnos hasta el agotamiento (aunque no con efectividad), a preocuparnos (casi siempre sin razón) y a hacer girar el mundo alrededor de nuestro propio eje (ignorando a aquellos que no encajan en nuestros planes y objetivos). Si empezamos por considerar nuestro lugar en el universo y en el conjunto de la humanidad, podemos hacer frente a las causas de nuestra ansiedad con mayor objetividad, sabiendo que no van a provocar un desastre mundial, ni siquiera en el diminuto planeta de nuestro ser. Por lo tanto, sería conveniente averiguar la naturaleza de nuestras tribulaciones y comprender que la mayoría de nuestras espantosas molestias y miedos son triviales y egocéntricos. Permitir que contaminen todos los aspectos de nuestra existencia y la de aquellos que nos acompañan es la manera ideal de nadar en la desventura, sin posibilidad de salvarnos de nuestro propio hundimiento. Eso es lo que ocurre cuando nos creemos nuestros propios pensamientos: la mente se encarga de suministrarnos todas las imágenes necesarias para confirmarlos, para realzar nuestras creencias. Es el mecanismo natural del cerebro cuando no lo sometemos a cuestionamiento alguno y le permitimos arrastrarnos a su antojo.

Solemos alimentar sentimientos de inquietud y preocupación como resultado de las percepciones que nos imponemos a nosotros mismos en relación a quiénes somos y a las metas que anhelamos conseguir. El contraste entre nuestras aspiraciones y los resultados obtenidos nos abruma y nos causa un permanente desasosiego. Dejamos de ser realistas, y pedimos la perfección. Tenemos que cultivar un autoconocimiento que nos permita establecer nuestras propias limitaciones. Bajo una mirada inquisidora —a la par que comprensiva— podemos tornar lo opaco en transparente, evitando el autoengaño, la indulgencia y la fustigación con el fin de soslayar la continua tensión a la que nos vemos sometidos.

Malgastamos gran parte de nuestra existencia siguiendo el consejo equivocado de permanecer continuamente en estado de emergencia. Los deleites de la vida se pierden porque no cesamos de preocuparnos por la incertidumbre que pesa sobre el mañana. El miedo inhibe la alegría, nos torna rígidos mientras nos perdemos en el laberinto de la ansiedad. Prepararse para un futuro incierto es aconsejable a veces, pero agarrotarse por lo que pueda acaecer es contraproducente. Al agobiarnos dejamos de concentrarnos con todos nuestros sentidos en lo que estamos viviendo.

Jesucristo aconsejaba: «No os inquietéis por el día de mañana; el mañana se inquietará por sí mismo. A cada día le basta su aflicción». (Mateo 6, 34.) Y el filósofo y matemático Wittgenstein indicaba: «La vida eterna pertenece a aquellos que viven en el presente». Incapaces de vivir en el sempiterno momento actual con conciencia de infinitud, buscamos sustitutivos anémicos en la expectativa de que el futuro nos aporte lo que le falta al magro presente. Nuestras inquietudes están persistentemente relacionadas con lo que ocurrió o con el porvenir. Lamentamos acciones pretéritas y tememos lo que el mañana nos deparará. El pasado nos provee de identidad y proyectamos en el futuro una promesa de salvación, de deleite perdurable, sin percatarnos que ambas son fútiles ilusiones.

Nuestros sentimientos de culpa están conectados con hechos extintos, y son los que arrastran amargura, depresión y remordimiento. Así, toda ansiedad corresponde a una inquietud sobre lo que habrá de llegar, envolviendo nuestra mente con nubes de pavor y perspectivas confusas y desastrosas. Disipamos nuestras energías en la neblina fantasiosa de las memorias y las esperanzas, privándonos de vivir la realidad vigente con conciencia y gozo. Nos pasamos el tiempo evocando el pasado y ambicionando un futuro mejor, comparando lo que fue y lo que nos gustaría que se produjera, perdiéndonos la riqueza del momento presente, único e irrepetible. Materializamos una crisálida con los pensamientos que soñamos —llenos de deseos y juicios— sobre cómo deberían ser las cosas, separándonos de la realidad vigente. En vano intentamos cambiar lo imposible y dominar lo incontrolable.

Como la arena que intentamos retener con las manos y se filtra entre los dedos, del mismo modo el tiempo se nos escapa sin que logremos advertirlo. Sólo cuando consegui-

mos abandonar nuestras interminables persecuciones podemos disfrutar de lo que el fallecido Eugene O'Kelly llamaba «momentos perfectos». Denominó así a los momentos
presentes llenos de significados por sí mismos, que él sólo
descubrió cuando le fue diagnosticado un tumor cerebral y
le dieron tres meses de vida. En aquellos instantes se halla-
ba en lo más alto de su carrera como director de una de las
más importantes empresas de consultoría internacional en
la que se había volcado con total dedicación durante años.
¿Estamos condenados a repetir con extenuante esterilidad
los hábitos perjudiciales hasta que una crisis nos obligue a
amputar parte de nuestros recursos vitales? ¿O podemos
ser capaces de facilitar una renovación armoniosa y volun-
taria?

Si nos paramos a reflexionar advertimos que la intran-
quilidad y el desasosiego son estados mentales basados en
el temor. Se instalan paulatinamente, son insidiosos e insistentes, pudiendo llegar al extremo de paralizar la facultad de razonamiento y destruir tanto la iniciativa como la
confianza. El lado positivo es que al tratarse de una forma
de miedo sostenido, causado por la indecisión, es algo que
en algún momento puede ser controlado. Los científicos
han descubierto que la mera anticipación o preocupación
acerca de algo que va a ocurrir hace que esta experiencia
se convierta también en un recuerdo significativo en nuestro cerebro, de modo que condicione comportamientos
futuros. En otras palabras, cuanto más tiempo pasemos
preocupándonos por lo que va a llegar, la huella de tal preocupación condicionará negativamente la experiencia posterior.

Utilizamos infinidad de mecanismos para ocultar y distraer la latente angustia que nos corroe el espíritu. Comer es

uno de los más representativos, pues consigue de forma inmediata desviar la atención, constituyendo así un vehículo elemental de tranquilidad instantánea. La naturaleza compensadora del placer tan instintivo de comer puede ser utilizada fácilmente para dulcificar lo amargo. Comer nos solaza y nos ayuda a olvidar.

La compra compulsiva cumple asimismo una función idéntica. Resulta emocionante incorporar algo nuevo a nuestras posesiones, encontrar una pequeña ilusión sin demasiado esfuerzo. Nos alegramos con esa nueva extensión del Yo a través de lo que adquirimos; gracias a esa expansión, el incómodo estado anterior disminuye en importancia y nos hace sentir —al menos provisionalmente— menos perturbados. Nos extasiamos por momentos gracias a la nueva mercancía que hemos adquirido, demostrando la fragilidad del efímero goce que buscamos con el fin de traspasar preocupaciones y desazón.

También el placer sexual puede facilitar la posibilidad de aplacar las turbaciones y convertirse en una conducta compulsiva. Incluso algo tan comúnmente alabado como el trabajo puede convertirse en un modo de huida hacia delante. Agotarse hasta el límite del embotamiento, monopolizar la mente con las importantes y sagradas cuestiones profesionales, pueden procurar un bálsamo gracias a la medicina del deber bien cumplido. Insatisfacciones personales de todo tipo son aliviadas con el pretexto de ineludibles compromisos laborales, haciendo que al prolongar el horario profesional quede suprimido un tiempo en el que se podría dudar. Volcándonos en el trabajo conseguimos demorar, relegar y dejar pendiente aquello que nos resulta desagradable o perturbador, nos arropamos bajo el pretexto de urgencias mayores. La necesidad de evadirse con el trabajo puede llegar tan lejos que inventemos tareas y proyectos con la secreta intención de que se convierta en una nueva costumbre, y que lo excepcional y urgente reemplace lo inquietante, con la promesa de que un futuro más brillante aparecerá cuando acabe la etapa especial. Salvo que entonces ya será tarde o probablemente ese momento no llegue nunca. Matarse a trabajar es una forma fehaciente de suicidio, en la que se anula la parte del Yo de la que proviene la angustia. Esta forma fugitiva de agotarse para evadirse no aporta paz alguna, sino que complica las batallas imaginarias. Falseando nuestras necesidades como seres humanos completos no podemos lograr que el desasosiego desaparezca. Evitar pensar —como si el pensamiento que trae dolor fuera maldito— es un error estratégico. En definitiva, tendemos a buscar el alivio de la inquietud a través de la acción, pues nos hemos convencido de que actuar nos calma y nos reconcilia con la existencia. Salvo que obviamos los efectos contraproducentes de este tipo de reacción. Sin tomar conciencia sobre nuestros propios comportamientos y sus consecuencias no es posible encontrar sosiego estable, ya que quedamos confinados al dominio de lo automático e inconsciente.

Un sinfín de situaciones nos ponen a prueba en la vida diaria. Se dan mil ocasiones para sentirse frustrado, y si reaccionamos con el ánimo encrespado aparece la ansiedad, la irritabilidad, la depresión. Alternativamente, podemos aceptar que no estamos al mando de esa compleja maquinaria llamada universo, considerando que cuando nuestros objetivos no se cumplen y los resultados difieren de las expectativas albergadas, en lugar de tomarlo como una hecatombe tendríamos que hacerlo como una oportunidad inesperada. ¿Quién sabe lo que traerá al final?

El exceso de preocupación es como una rata que no cesa de roer una cuerda. Difícilmente puede ser la manera adecuada de resolver los problemas, puesto que inquietándonos en demasía es imposible encontrar soluciones adecuadas. Aplicar las palabras de Reinhold Niebuhr nos podría aportar tranquilidad: «Señor, dame el coraje para cambiar las cosas que debo, serenidad para aceptar las que no puedo cambiar, y sabiduría para reconocer la diferencia».

Sólo limpiando nuestra mente de ansiedades improductivas conseguiremos aprovechar las posibilidades del presente sin temer que nos pueda ser arrebatado por sorpresa, y a la vez sin impedirnos su disfrute. Parafraseando a Osho: «¿Por qué insistes en que este momento se mantenga permanente? ¿Cómo sabes que no vendrán otros mejores? Quién sabe, cuando este instante pase, algo mejor podría estar en camino…»

La presencia del pasado en nuestro presente es evidente: seguimos cautivos del niño que fuimos y de sus emociones volcánicas, por lo que nos vemos abocados a lo que Freud llamaba «la compulsión de la repetición»; es decir, esa propensión a repetir inconscientemente los escenarios que nos conducen siempre a los mismos puntos muertos. Nos cuesta librarnos de las conductas adictivas inmaduras ligadas al deseo gratuito y a la dependencia, nos resulta durísimo dejar de repetirlas, y aunque hayamos comprobado que acarrea consecuencias negativas, no conseguimos desembarazarnos de aquellos sucesos dolorosos que son imposibles de modificar ya…

Es primordial no quedarnos colgados con los recuerdos del pasado porque nos induce al desánimo y a la pasividad, ya sea porque creamos que cualquier tiempo pretérito fue mejor, porque nos arrepentimos de lo que acaeció, porque lamentamos perder la juventud de antaño, o porque nos sentimos aún heridos. La película del pasado ya está filmada, y sus imágenes no se pueden volver a crear por más empeño que pongamos. Sólo podemos reproducirlas una y otra vez en nuestra mente, con el riesgo de evadirnos de la realidad y en ocasiones vivir atenazados, presos de un agobio estéril por algo que dejó de existir. Esta obsesión con lo vivido nos impide progresar, evolucionar y construir. Sólo tras reconocer que nuestros recuerdos son subjetivos y que nuestra historia es ya irreversible, podremos hacer las paces con lo que fue para encarar el día de hoy libres de cargas inútiles.

De igual modo, nuestra mente fantasea continuamente con el porvenir. Nos distraemos cavilando sobre qué haremos más tarde: nuestra jubilación, cómo se las arreglarán nuestros hijos cuando crezcan, cuánto nos gustaría vivir en un determinado lugar, tener la casa de nuestros sueños, encontrar la pareja perfecta, un trabajo que por fin nos satisfaga, la vida social que anhelamos… Proyectamos innumerables imágenes virtuales sobre lo que puede ocurrir y los objetivos que nos gustaría alcanzar, perfilamos un mañana que dibujamos prometedor, escapando del momento actual que se nos antoja imperfecto y poco grato. Nos angustiamos imaginando las adversidades que están por llegar, todo aquello que podría descarriarse y salirse de los cauces asignados por nosotros.

Con tanta especulación sobre el futuro y enredo en el pasado, no es sorprendente que el presente se convierta en una entelequia de la que jamás disfrutamos, una ficción diluida que se escurre. Si carecemos de espacio mental para el aquí y ahora, resulta improbable que lo vivamos con plena conciencia, y por lo tanto que dejemos de estresarnos con aquellos factores que están más allá de nuestro alcance y que por lo tanto se nos escapan de las manos. ¿Qué sentido tiene amargarse por lo que no podemos ya alterar o atormentarse por lo que quizá nunca llegará?

Siempre estamos buscando líneas rectas porque pretendemos tocar la cúspide cuanto antes. El caso es que no hay ningún lugar al que arribar, puesto que ya estamos ahí. Si estamos continuamente programando dónde debemos ir, la consecuencia es que nos es imposible llegar. Ésta es la paradoja: sólo podemos alcanzar nuestro camino cuando estamos dispuestos a aceptar con tranquilidad y confianza que ya estamos ubicados en el sitio adecuado.

Cuando oigo a alguien intranquilizarse por aquello que podría acontecer a largo plazo siempre me acuerdo de mi abuelo. Él se solía angustiar por su vejez, elucubraba sobre si sus hijos terminarían llevándole a una residencia de ancianos. El destino quiso que muriera a los sesenta y tres años de cáncer, sin que aquel temido futuro llegara jamás. De este modo perdió un precioso tiempo atribulado por un desasosiego que jamás se materializó y que se llevó gran parte de su preciosa energía. No supo poner en práctica lo que la poetisa Emily Dickinson escribía: «La eternidad está hecha de ahoras».

Las personas que suelen vivir liberadas de tensiones latentes son aquellas que —además de centrarse en el presente— poseen adecuadas dosis de humildad para reconocer que las metas personales a veces han de estar subordinadas a otras que se sitúan a mayor escala, y que por lo tanto han de jugar con reglas que ellos no han establecido. No tiene sentido alguno batirse contra lo inmutable, ni pretender actuar como entes individuales separados del todo en el que estamos inmersos.

Sin olvidar la inflexibilidad circunscrita a los surcos prefijados y sin experimentar una cierta armonía con el entorno —viéndose como parte integrante del mismo— resulta imposible desasirse del yugo de la ansiedad. El hombre tranquilo, como el título de la película de John Ford, ha de desasirse del estrangulamiento de las metas biológicas y sociales, ya que cuando éstas se frustran o están fuera de nuestro control (algo que inexorablemente ocurre), ha llegado el momento de penetrar incisivamente en nuestros presupuestos, cuestionándolos profundamente para intentar crear un oasis de calma a partir del antiguo desorden mental.

PARTE III
LOS CIMIENTOS DEL BIENESTAR INTERIOR

«Cómo obtener, mantener y recobrar la felicidad es de hecho para la mayor parte de los hombres el motivo secreto por el que hacen todo.»

WILLIAMS JAMES

A pesar de la innegable importancia de la felicidad en la vida humana, a lo largo de la historia —y por tradición— ésta ha tenido mala prensa y peor literatura. Ya Erasmo de Róttердam escribió en el siglo XVI: «Es la hermana de la estupidez», George Bernard Shaw decía: «¡Una vida entera de felicidad! Ningún hombre vivo podría soportarlo: sería el infierno en la tierra»; e incluso el premio Nobel de la Paz Albert Scweitzer afirmaba: «La felicidad no es más que buena salud y mala memoria», implantándose una escuela de pensadores del sufrimiento. Asimismo, la psicología se ha centrado sobre todo en las emociones nocivas, en la necesidad de reparar daños y curar enfermedades mentales. Es decir, su interés se ha limitado a los estados negativos con el fin de aliviarlos. Se ha estudiado el abuso y la ansiedad, la depresión y la enfermedad, el perjuicio y la pobreza. De todos los artículos que se han publicado desde 1887, los relacionados con las emociones perniciosas sobrepasan a los de las emociones beneficiosas en orden de trece a uno.

Se podría decir que Martin Seligman, el antiguo presidente de la Asociación Americana de Psicología, fue el padre de la corriente llamada Psicología Positiva. Este movimiento apareció como reacción al desproporcionado enfoque previo sobre los estados negativos y disfuncionales que habían dominado la psicología en todo el siglo anterior. Parece que en los actuales tiempos de paz y prosperidad relativa, nuestra cultura por fin ha comenzado a desviar su atención de la reparación de las debilidades y deterioros, promoviendo una mejor calidad de vida. La psicología positiva se ocupa no tanto de ayudar a superar los padecimientos de la mente, las neurosis y los obstáculos que impiden disfrutar, como de las virtudes y fortalezas a las que todo ser humano puede aspirar. Busca incrementar la satisfacción de las personas, utilizando metodología científica. En realidad, hasta que no se han podido situar las emociones en una escala numérica y se han comprobado los estragos de la depresión y el estrés en el cerebro, la felicidad no ha conseguido traspasar los muros del cerrado universo científico. Aunque el hecho es que aún existe un gran desconocimiento sobre las características del cerebro de una persona feliz. Así pues, desde 1998 los estudios sobre la felicidad y la salud se han multiplicado, y también sobre el optimismo y la prosperidad.

En el discurso que Seligman pronunció en la toma de posesión de la presidencia de la citada Asociación, hablaba del nuevo objetivo que se le planteaba a la psicología: «Me he percatado de que nuestra profesión estaba a medio hornear. No era suficiente para nosotros neutralizar las condiciones que inutilizan para llegar hasta un nivel cero. Necesitábamos preguntarnos ¿cuáles son las condiciones que permiten a los seres humanos florecer? ¿Cómo llegamos desde cero a más cinco?» De este modo, cada vez un mayor número de psicólogos han ido mostrando interés por la visión de la salud mental como algo más que la mera ausencia de enfermedad. Los tres pilares de este relativamente nuevo movimiento lo constituyen:

El bienestar positivo y subjetivo, compuesto por nuestra satisfacción con el pasado, el contento con el presente y el optimismo sobre el futuro.

El carácter positivo, orientado a explorar y perfeccionar las virtudes como la valentía, la compasión, la integridad, el autocontrol, el liderazgo, la sabiduría y la espiritualidad. La investigación actual examina las raíces y frutos de estas virtudes, en ocasiones incluso estudiando a individuos que ejemplifican un desarrollo excepcional de alguna de estas cualidades.

Los grupos que crean entornos saludables, escuelas efectivas, medios de comunicación socialmente responsables, y un desarrollo integral y holístico.

Así pues, Martin Seligman ha enfocado sus investigaciones en resaltar virtudes y fortalezas humanas como la generosidad, el sentido del humor, la gratitud y el entusiasmo, demostrando de qué manera influyen en la felicidad. Entre sus afirmaciones constata: «Las virtudes cerebrales —curiosidad, amor y aprendizaje— están menos relacionadas con la felicidad que las virtudes interpersonales como la bondad, la gratitud y la capacidad para amar». ¿Por qué esto es así? ¿Por qué razón estas virtudes ejercen tanta influencia sobre la dicha? Cuando se está de buen humor, se percibe el mundo como un lugar más seguro, y como consecuencia resulta más fácil prestar apoyo y contagiar la propia alegría. Además de mejorar las relaciones a la par que la imagen que tenemos de nosotros mismos, se tiende a contemplar el futuro con más esperanza. Las emociones positivas nos impulsan a sacar lo mejor de nuestro interior. Las investigaciones han constatado que sentirnos contentos repercute directamente en nuestro entorno, ya que estamos más dispuestos a contribuir a la felicidad ajena. A su vez, hacerlo nos beneficia directamente, pues nuestro estado anímico mejora cuanto más generosos y solidarios somos. Los psicólogos lo llaman el fenómeno «sentirse bien, hacer el bien».

12

Compasión

«Con compasión uno es rey incluso cuando se enfada.
Sin compasión uno mata incluso cuando sonríe.»

SHABKAR

La compasión no es una relación entre el que sana y el herido —eso es piedad—, sino una relación de iguales, y se funda sobre la ecuanimidad, sin distinción entre niveles, evitando la prepotencia y la superioridad.

Esto no se puede llevar a cabo sin haber reconocido y aceptado nuestra propia penumbra, la parte inconsciente que Carl G. Jung llamaba «sombra», para poder estar presentes ante la oscuridad de los demás; sólo podremos ponerlo en práctica si somos capaces de reconocer nuestra humanidad compartida. La compasión comienza por la toma de conciencia de las propias emociones. ¿Cómo voy a poder participar de los sufrimientos y las alegrías de mis semejantes si soy incapaz de experimentar los míos?

La compasión por los demás representa un antídoto contra el tormento del sufrimiento propio. Todas las religiones parecen coincidir en este punto: existe un vínculo inextricable entre la dicha personal y la bondad para con los demás. La inhabilidad para experimentar el sufrimiento ajeno como propio es lo que permite que éste se perpetúe. La separación alimenta la indiferencia y falsa superioridad; mientras que la unidad origina hermandad y genuina justicia. La actitud compasiva es el efecto natural del reconocimiento de la interdependencia de todas las personas y fenómenos. Si todos estamos interconectados, ¿cómo va el individuo a conseguir una felicidad duradera sin tener en cuenta las desventuras ajenas?

San Pablo afirmaba que la compasión es «reír con los que ríen y llorar con los que lloran», enlazando este valor con la idea de compartir. Por desgracia, este sentimiento se ha asociado con el de la consternación que nos produce el dolor de otro. Sin embargo, la solidaridad, como actitud positiva de generosidad y cuidado de los demás, resulta psicológicamente incomprensible sin el motivo subyacente de la compasión. En verdad, el budismo ha hecho de este sentimiento su actitud espiritual propia. Todo ser vivo merece esta *piedad cuidadosa*, esta solidaridad permanente en la finitud y en la menesterosidad que constituye la vida en este planeta. El sabio indio Shantideva decía que toda acción carente de compasión se asemeja a la plantación de un árbol muerto, mientras que la compasiva constituye la siembra de uno vivo que crecerá sin límites y permanecerá para siempre.

La compasión es algo tremendamente difícil de ejercitar. A primera vista parece contraria a la tendencia vital de la autoprotección que en los humanos se sublima hasta el egoísmo. Abandonar desinteresadamente el impulso individualista y reemplazarlo por la preocupación por los demás parece ir en contra de nuestro instinto natural, quizás acentuado por la educación recibida. El gran obstáculo lo constituye el aferramiento al ego; creer que hemos de defender nuestro terreno al considerar al otro como enemigo potencial, convencidos de que nuestra supervivencia depende de la capacidad para protegernos. Por otra parte, se puede correr el riesgo de oscilar hacia el extremo opuesto, desnivelando la balanza. La sabiduría llega con el equilibrio. La virtuosidad extrema, hasta el punto de asemejarse a una caricatura, es a menudo un juego similar del ego y puede esconder una forma sutil de orgullo.

A la mayoría de nosotros nos interesa poco el sufrimiento de los que se nos antojan lejanos, la opresión de las minorías, los padecimientos de los oprimidos o las penurias de los pobres. En realidad, lo único que nos conmueve y nos concierne son las necesidades y desazones de nuestro círculo inmediato. Aunque pienso que hay que comenzar por amar a los más cercanos, si no somos capaces de ir más allá y desarrollar nuestro afecto y dedicación incondicional por toda la familia humana, nos quedaremos anquilosados en niveles inferiores de conciencia. Como le gusta recordar a Ken Wilber: «Los nazis también querían a sus hijos».

Esta incapacidad aparente para sentir con empatía el sufrimiento ajeno como si fuera el nuestro propio constituye la raíz de los problemas que afectan a los seres humanos en estos momentos, y que se solucionarían poniendo en práctica la compasión. De hecho, es el perfeccionamiento de este principio en nuestro carácter el que nos permitiría vencer nuestro narcisismo desproporcionado y conectar efectivamente con los otros desde el corazón, único secreto para contar con relaciones personales satisfactorias.

Martin Luther King sugería: «Cada hombre ha de decidir si va a caminar bajo la luz del altruismo creativo o en la oscuridad del egoísmo destructivo. Éste es el juicio. La cuestión más persistente y urgente es: ¿Qué estás haciendo por los demás?»

A veces caemos con facilidad en la crítica y el juicio, sin percatarnos de que, de haber pasado por las mismas vicisitudes del otro, tal vez adoleceríamos de las mismas debilidades. Tratamos con demasiada dureza las faltas de los demás, ¡y luego pretendemos que sean misericordiosos con las nuestras! Tenemos el ejemplo más palpable en los presos, quienes se sienten tan presionados por las expectativas negativas —siempre sancionados por sus lacras y pasado— sin que nadie les conceda una oportunidad, que terminan creyendo que su única opción de defensa es la violencia.

No hacemos esfuerzo alguno por entender los meandros y abismos de las historias ajenas, ni intentamos ponernos en su piel. En nuestra vida diaria nos cuesta mucho tener paciencia y comprensión: con el taxista airado, con nuestros irritantes compañeros de trabajo, con la dependienta malhumorada... Pero antes de contraatacar quizá debiéramos hacer una pausa y pensar en sus vidas. Seguro que muchos llevan el peso de la rabia, la frustración o la envidia sobre ellos. Si reflexionamos sobre lo sombrío que ha de ser albergar siempre esa clase de emociones nocivas, sentiríamos compasión por ellos; y al hacerlo, no sería un regalo lo que les estaríamos ofreciendo, sino un presente para nosotros mismos, elevándonos por encima de las miserias morales en las que podríamos incurrir, liberándonos para hacer un uso más provechoso de nuestra energía.

También nuestras relaciones amorosas, que se supone están basadas en el principio del intercambio desinteresado, pueden llegar a convertirse en pura pantomima porque la premisa del amor generoso suele estar ausente. En el fondo se limitan a ser una declaración no pronunciada: «Te cuidaré hasta que tú me cuides». ¿Es esto amor o un trato? Sin desear primero la felicidad del otro, estaremos utilizándole como instrumento para las propias aspiraciones y la búsqueda de seguridad, o como puro trueque, y el imperdurable supuesto amor se desvanecerá en cuanto no esté a la altura de nuestras expectativas y demandas. ¿Hemos construido relaciones altruistas o estamos inmersos en el estricto comercio?

Como afirma un profesor que tuve en Nepal, Namgyel, todos hemos conseguido un doctorado en egocentrismo. Esta exaltación del Yo resulta ser nuestro compañero habitual de viaje. Creemos que el universo entero debe girar alrededor de nuestro ombligo. Lama Yeshe afirmaba que nuestro mantra favorito es «yo, yo, yo…, mío, mío, mío…». ¡Cuánta verdad hay en ello! Salir de nuestra obsesión preferida es harto complicado, ya que la sociedad entera está asentada sobre los valores del individualismo feroz. Acaparo todo lo que puedo, y si llega algo para los demás, que sean las migajas; al fin y al cabo, es su problema no el mío. En las ciudades esta actitud toma derroteros peligrosos. Sumidos en la soledad, nos volvemos paranoicos con facilidad. Nuestros pensamientos giran sólo en torno a nuestra existencia cercenada, manteniendo la llama de los espectros y las conjeturas. Creamos cadenas de pensamientos negativos, proyectando dicha negatividad hacia fuera. Interactuamos con los otros de manera superficial, llegando a conclusiones precipitadas y casi siempre erróneas, sintiéndonos ofendidos al menor signo, palabra o intención adivinada. Nos sorprendemos incluso si la otra persona no se ha percatado de nuestro enojo —cosa habitual—, ya que, a su vez, ésta sólo está preocupada por sí misma. El egocentrismo perpetúa temores y ansiedades, clavándonos el dardo imaginario que estimamos nos fue lanzado. Es preciso salir de esta tendencia arrolladora si aspiramos a un mundo mejor y a una vida más plena.

Muchas tradiciones y culturas utilizan la compasión y la amabilidad para aliviar el sufrimiento del prójimo a través de técnicas que ejercitan la concentración, y aconsejan la práctica de la generosidad, las estrategias cognitivas y la visualización del dolor ajeno. Este proceso requiere años de entrenamiento para poder integrarlo completamente, aunque los primeros pasos se pueden dar en cualquier momento. Es primordial comenzar por desear el bien a los seres cercanos y, a continuación, ampliar estos sentimientos a toda la humanidad, sin necesidad de fijar la atención en nadie en particular. Así la onda expansiva deja de estar limitada a nuestros allegados para alcanzar a todos los seres desconocidos con los que de algún modo también estamos interconectados.

No solemos contemplar la compasión como un elemento imprescindible en nuestro proyecto de felicidad. En los momentos bajos en los que el mundo parece hundirse bajo nuestros pies y lo vemos todo oscurecido con un desesperante tinte negro, si somos capaces de dar un paso y pensar en hacer algo por los demás, comprobaremos que la tristeza y la depresión pierden fuerza. De este modo podemos empezar a olvidarnos de nuestras propias miserias, y paulatinamente descubriremos que ayudar a los otros nos lleva a sentirnos más animados y a salir del bache. Por esta razón el Dalai Lama llama a la compasión la «sabiduría egoísta», porque nosotros nos beneficiamos directamente de la asistencia prestada a otros, pues por medio de nuestras acciones magnánimas contribuimos directamente a nuestra propia ventura. Es difícil que las endorfinas (las hormonas de la felicidad) trabajen a pleno rendimiento sin tener en cuenta el dolor ajeno. Ésa es la gran paradoja: cuando perseguimos nuestro bienestar egoístamente, éste se nos escapa entre las manos. Por el contrario, cuando ponemos nuestra atención en los demás y en transmitir alegría olvidándonos de nosotros mismos, es cuando la felicidad nos invade por sorpresa.

La compasión encarna la comprensión de que el prójimo sufre como nosotros e igualmente aspira a la felicidad. Es apreciar que no somos seres aislados, tal y como se nos ha hecho creer. Somos individuos con derechos y esperanzas, y todos formamos parte de una unidad más amplia. Estoy convencida de que la base del progreso no es la competición y la aniquilación del supuesto contendiente, sino la cooperación. Al observar la situación del planeta en estos momentos, podemos percibir con claridad adónde nos ha llevado el individualismo desenfrenado. No hemos venerado como se merece a la Madre Tierra como la fuente espléndida de vida que es. En su lugar —disociados de la relación que conecta a todos los seres vivos—, la hemos utilizado para saciar nuestros apetitos materialistas, como vertedero de residuos, esquilmándola como si de una fuente aparentemente inagotable se tratara, sin reflexionar sobre las consecuencias de nuestros actos sobre aquellos que la heredarán: nuestros hijos, nietos y subsiguientes generaciones. Hoy nos encontramos con tierras desforestadas, mares convertidos en auténticos vertederos y una atmósfera fuertemente contaminada, dejando a nuestro paso desolación y un futuro incierto como fruto de comportamientos insensatos y egoístas. ¿Es ésta la manera en la que debemos continuar?

13

Gratitud

«La gratitud no es sólo la virtud más grande, sino la madre de todas las demás.»

CICERÓN

La gratitud es una disposición interior. Un corazón agradecido, cuando es genuino, lo manifiesta con palabras y obras. Es una virtud que engloba tres elementos: reconocimiento espontáneo hacia el que ha ofrecido el regalo, apreciación expresada y, en cuanto sea posible, correspondencia de alguna manera.

El agradecimiento no consiste en pagar una deuda, sino en reconocer la generosidad ajena, devolviendo las muestras de afecto o cuidado que se recibieron, buscando prodigar atenciones con otros. La reciprocidad debería ser un sentimiento natural para agradecer la bondad de aquellos que han sido generosos con nosotros. No obstante, para muchos, es tomada como una marca de debilidad incompatible con la grandeza, pues piensan que estar endeudados con otros les rebaja.

Se dice que de todos los sentimientos humanos la gratitud es el más sutil de todos, quizá porque apenas reparamos en él. Los momentos de gratitud intensa y estimulante son bastante raros en las vidas de la mayoría de las personas. Si bien los más felices son siempre los más agradecidos con los otros y con la vida.

En la cultura oriental, ésta es una actitud profundamente arraigada. Tanto que, en ocasiones, cuando alguien muere el resto se lamenta de no haber dispuesto del tiempo o la oportunidad de devolver la amabilidad de la que fueron objeto, y en sus últimas peticiones suelen solicitar a los familiares que paguen esas deudas del corazón. Contrasta con la disposición de la mayoría de los occidentales, quienes al encontrarse en el lecho de muerte manifiestan su arrepentimiento por haber dedicado demasiado tiempo a actividades triviales y poco a lo realmente significativo, y se lamentan de no haber expresado su amor lo suficiente a los seres queridos.

Entre los recuerdos de mi niñez aparecen los momentos en los que en casa se escuchaban las retransmisiones deportivas radiofónicas de José María García. Él repetía una frase que por su contenido se me quedó grabada: «Es de bien nacido ser agradecido». ¿Por qué no es ésta una actitud más generalizada? ¿Cuántas veces reflexionamos sobre el regalo de estar vivos, de haber nacido en un lugar donde reina la paz, de poder disfrutar de tantas cosas que a otros les faltan? ¿Cuántas veces hemos agradecido a nuestros padres su generosidad, sus desvelos durante nuestra infancia, su inestimable apoyo cuando más lo necesitamos, sus sacrificios para sobrevivir, para que pudiéramos crecer sanos, para estudiar? Consideramos que es una obligación adquirida, y por tanto no hay nada especial que valorar. Creo que es una gran equivocación dar todo por sentado. Entender la vida como un obsequio establece un compromiso constante de agradecimiento, sosiego y armonía. Instaurar la costumbre de repasar el día y encontrar cinco cosas que agradecer cada noche hace que no se nos pasen detalles importantes, y que aprendamos a fijarnos más en tantos hechos que de otra manera pasarían desapercibidos. Además, nos sirve para percatarnos de la riqueza de nuestra existencia actual, sin estar siempre obsesionados con lo que creemos que nos falta.

A menudo estamos tan sumidos en las preocupaciones diarias que no apreciamos los pequeños actos que personas de nuestro alrededor realizan para hacer nuestra vida mucho más placentera. Desde la señora de la limpieza que recoge nuestro despacho, a los profesores que enseñan a nuestros hijos, nuestra esposa que nos tiene preparada la cena al llegar exhaustos a casa… Sin embargo, ¡qué pocas veces nos sentimos agradecidos por su contribución! Y qué decir de las ocasiones que salimos al campo y seguimos tan ensimismados en nuestros pensamientos que no somos capaces de advertir la infinidad de formas y colores de las flores silvestres, el sonido del río al descender por la montaña o la inmensidad de un mar turquesa. Amanecer cada día es un milagro. Que nuestros hijos nos abracen, una bendición. Contar con un hombro en el que llorar constituye una suerte. Tener a alguien a quien besar, un placer. Igualmente tenemos que sentirnos afortunados y dar gracias por haber nacido en Occidente y no en una favela de Río de Janeiro; por disfrutar de un techo que nos cobije sin tener que buscar un portal cada noche, por poder alimentarnos saludablemente en lugar de sufrir las hambrunas de muchos africanos, por podernos vestir a la moda en lugar de utilizar unos trapos raídos… La lista puede ser interminable. No obstante, en rara ocasión nos paramos a pensar en nuestra infinita fortuna y en la cantidad de cosas que deberíamos agradecer.

Diversos investigadores han estudiado en los últimos años qué factores pueden elevar el ánimo y aumentar la felicidad. Entre ellos, la psicóloga Sonja Lyubomirsky comprobó que las personas que se molestaban en tener un diario de gratitud donde anotaban sus bendiciones una vez al día, veían aumentado su grado de satisfacción general al cabo de seis semanas. No obstante, ella indica que los beneficios permanecen sólo si esta costumbre se continúa en el tiempo.

El terapeuta Robert Emmons ha observado que los ejercicios de gratitud pueden incluso mejorar la salud física, incrementar los niveles de energía y, en los pacientes con enfermedades neuromusculares, disminuir el dolor y la fatiga. «Los que experimentaron mayores beneficios fueron aquellos que elaboraron más sus escritos, y los que disponían de una gama más amplia de hechos por los que se sentían agradecidos», afirma Emmons.

Martin Seligman, después de llevar a cabo diferentes experimentos, aconseja un ejercicio muy efectivo para incrementar la alegría duradera. Es lo que él llama la «visita de gratitud». Esto es, escribir un testimonio a un profesor, sacerdote o familiar —cualquiera a quien se quiera mostrar reconocimiento—, visitar a la persona y leerle la carta de aprecio. Para que los efectos positivos permanezcan, tendríamos que integrar esta actitud, llevándola a efecto, así como tomarnos el tiempo de enumerar todas nuestras bendiciones, reflexionar sobre nuestra suerte y regocijarnos por contar con personas queridas. Es necesario renovar nuestro compromiso de ser felices, asumiendo que se trata de nuestra sola responsabilidad, de igual modo que no podemos culpar a otros de nuestros infortunios.

Las personas agradecidas tienden a estar satisfechas con lo que tienen y por eso son menos susceptibles a emociones como la decepción, el arrepentimiento y la frustración. En cambio, los que se encuentran prisioneros de su descontento han endurecido su corazón y menguado su espíritu, cayendo en estados mentales negativos que les roban fuerza y energía.

La práctica de la gratitud es una disposición plena de sensibilidad —no sensiblería— hacia lo que nos rodea, una percepción ampliada y positiva hacia lo hermoso, una toma de conciencia de los dones que recibimos con asiduidad, un contento que nos hace disminuir el nivel de exigencias y necesidades superfluas.

Es importante agradecer incluso los retos, ya que nos hacen progresar, y no pasar por alto todas las dádivas que recibimos de manera generosa: los animales que nos acompañan, los objetos que hacen nuestra vida más fácil, el arte que embellece, los atardeceres que nos sobrecogen, los recuerdos que provocan una sonrisa, los sueños que conservamos en nuestro interior, el amor que nos nutre. El hecho de apreciar hoy, sin mayor demora ni espera, nos ennoblece y nos vuelve más dichosos. De este modo nos convertimos en fuente de inspiración para otros y en luz para nosotros mismos.

14

Altruismo

> «Una vida basada en el estrecho interés propio no se puede estimar con ninguna medida honorable. Buscar lo mejor de nosotros mismos significa preocuparse activamente por el bienestar de otros seres humanos.»
>
> SHARON LEBELL

El término altruismo lo forjó el filósofo francés Augusto Comte en el siglo XIX, dentro del contexto del pensamiento filosófico positivista. La idea del filósofo fue aportar el término opuesto a egoísmo, que no acababa de definirlo la palabra «generosidad», pues en ella no se explicita que el beneficiario de la misma sea precisamente el otro. Es curioso que el término «egoísmo» surgiera en un contexto religioso para nombrar un vicio, y el de «altruismo» apareciese en un contexto ateo y además político. El altruismo se erigió como alternativa a la virtud cristiana de la caridad —el amor al prójimo por amor de Dios—, persiguiendo los mismos objetivos sociales que el cristianismo, pero mediante métodos y justificaciones doctrinales distintas. El Diccionario de la Real Academia define el altruismo como «esmero y complacencia en el bien ajeno, aun a costa del propio, y por motivos puramente humanos». Se alza de algún modo para neutralizar los contravalores que empujan a la servidumbre del egoísmo, la avaricia, la avidez, el poder y el desenfreno de las pasiones.

Al revisar las páginas de la Historia, descubrimos que los grandes logros de la Humanidad en las áreas del conocimiento, el bien común y los grandes objetivos sociales, se debieron a personas que consagraron su vida a los demás, olvidando en buena medida su comodidad y hasta sus intereses inmediatos. Hace siglos el estadista romano Cicerón escribía: «En nada se acercan más los hombres a los dioses que al hacer el bien para sus semejantes». No obstante, en nuestras sociedades se impone la fiebre competitiva que nos impele a considerar al otro como enemigo potencial, pues nos puede disputar y hasta arrebatar aquello a lo que aspiramos. La competitividad generalizada nos invade y condiciona desde todos los sectores de la sociedad, conduciéndonos desde la infancia a un deplorable y feroz individualismo. Estamos seguros de que nuestra victoria pasa por la derrota del otro, su fracaso nos es necesario para nuestro éxito. Como en cualquier tipo de competición —ya sea un partido de tenis o el ascenso en el trabajo— para que haya un ganador, otra persona ha de perder. Cuando alguien sube, parece que los demás tengan de descender. Esta manera de concebir la vida acarrea consecuencias; la principal es que te separa y aísla de los demás. La batalla por demostrar quién es el más fuerte resulta en una lucha sin tregua y sin fin. El poder asegura obediencia pero no afecto; lealtad y gratitud, pero no cariño. La cruzada continua por trepar a la cumbre genera la fatiga crónica del que piensa que ha de estar permanentemente velando por su terreno y urdiendo planes para atraer más propiedad hacia sí. Y lo peor es que jamás se puede desprender de la armadura ni bajar del caballo, ya que siempre existe un eventual enemigo que combatir. El mundo así se convierte en un lugar hostil en el que hay que pelear para sobrevivir, en el que consideramos al otro como una presa para satisfacer nuestras necesidades emocionales y físicas. Martin Luther King decía: «Cada hombre ha de decidir si caminará en la luz del altruismo creativo o en la oscuridad de la destrucción egoísta».

Está claro que se impone una revisión seria y profunda del sistema de valores imperante basado en la instrumentalización de las personas, en el puro intercambio mercantil (me relaciono si voy a conseguir algo a cambio), en una superficialidad frívola y anodina. Hemos de abandonar esa exaltación exagerada de la egolatría si queremos construir un mundo más habitable y menos agresivo. Los sabios enseñan que la benevolencia no puede quedar ni siquiera limitada al propio grupo, a la tribu a la que pertenecemos, sino que ha de extenderse a todo el mundo. ¿Cómo si no podremos hacer frente a las migraciones masivas, a los fundamentalismos religiosos, a las luchas recalcitrantes? Swâmi Râmdas afirmaba: «La armonía, la paz y la libertad no pueden nacer más que de la realización de la unidad interior de toda vida».

Tolstói por su parte aseguraba que no existe más que una manera de ser feliz: vivir para los demás. Las mayores alegrías y la verdadera satisfacción sólo se pueden experimentar mediante la contribución sincera y desinteresada, éste es el secreto. Aunque a primera vista parezca una incoherencia, nuestra dicha está estrechamente ligada a la de los demás. No hay sendero posible hacia la felicidad y la libertad que no pase por la solidaridad. Es la acción magnánima hacia el prójimo la que nos dignifica y humaniza; sin ella, se condiciona y subyuga al socorrido. Además, no podemos disfrutar de aquello que no permitimos sentir a los demás. Es decir, sólo podemos recibir amor en la medida en la que estemos dispuestos a brindarlo.

Para mí, uno de los grandes ejemplos contemporáneos lo constituye Nelson Mandela. Prisionero durante veintisiete años en penosas condiciones en Sudáfrica durante la época del *apartheid*, cuando salió de la cárcel, en lugar de buscar venganza y resarcimiento como podría parecer normal tras sufrir tantas injusticias y tribulaciones, eligió la benevolencia, la conciliación y el altruismo. ¿No podríamos aprender de él a nuestra pequeña escala? Así describió él aquellos momentos: «*Mi sed de libertad para mi propia gente se volvió sed de libertad para toda la gente... Sabía tan bien como cualquier cosa que el opresor debía ser liberado como también el oprimido. Un hombre que toma la libertad de otro hombre es un prisionero del odio y está encerrado detrás de las barras del prejuicio... Ambos fueron despojados de su humanidad. Cuando salí de prisión ésa era mi misión: liberar a ambos, al opresor y al oprimido*».

Nuestra intención mental tiene una influencia crucial en lo que hacemos. Si basamos todas nuestras acciones en obtener alabanzas, perseguir ganancias y eludir pérdidas personales nos moveremos siempre sobre un campo de ortigas. Podremos acaso merodear por los márgenes del gusto, pero no nos libraremos de las garras del vacío existencial. La persona que filtra todo desde una perspectiva egocéntrica, en apariencia posee mayor seguridad, pero está claro que llevará una vida más pobre en relación a otra persona dispuesta a adoptar compromisos, a involucrarse, a prestar atención a la situación y sentimientos de otros porque busca la interacción genuina, no sólo el interés propio. De cualquier modo, es completamente ficticio pensar que podemos construirnos una isla en medio de un océano de pesadillas. Nuestras vidas están interrelacionadas, y como escribía Willigis Jäeger: «Todo está entrelazado en nuestra existencia. Quien mata a otro, está cavando dos fosas». Hemos de comprender que mientras haya seres que sufren no habrá cielo en el que poder ocultarnos.

Las personas más evolucionadas en este planeta son las que el psicólogo humanista Abraham Maslow llamaba «autorrealizadas». Estos seres son los que más han aportado (y siguen haciéndolo) a la humanidad. Son los compasivos, los que poseen el ánimo y las ganas de reformar y mejorar la sociedad, los luchadores más efectivos contra la injusticia, la crueldad, la explotación, y también los mejores defensores de la excelencia, la competencia y la efectividad. Y es que la integración de los valores profundos es un cometido necesario. Sin el perfeccionamiento de uno mismo no se puede contribuir a la mejora del mundo, y el progreso personal pasa por ayudar a otros. Es un camino de doble dirección que ha de ser recorrido de forma simultánea. Sólo la inmadurez reclama la existencia de una dicotomía en este terreno. Aunque nos cueste aceptarlo, es imposible el bienestar interno sin aprender a olvidarse de uno mismo, ya que el egocentrismo y la felicidad se excluyen mutuamente. La solidaridad genera beneficios personales y colectivos. Gano yo y ganamos todos. El sabio sufí Abi l-Khayr decía: «No hay Infierno sino individualidad, no hay Paraíso sino altruismo».

Deberíamos empezar por enfocar y encauzar la generosidad estimulando el amor altruista por aquellos que tenemos

cerca. Es decir, amándolos por lo que son, no únicamente
por lo que nos pueden aportar; de otro modo, en el momento en el que quieran tomar decisiones que nos contraríen,
reaccionaremos intentando negarles nuestro afecto. Igual
que nos place que se nos permita la libertad de elegir nuestras aspiraciones, hemos de conceder esa premisa a los demás. Ninguno de ellos es una prolongación nuestra, sino
individuos por sí mismos, incluso los hijos que han llegado a
la vida a través de nosotros.

Por desgracia no estamos acostumbrados a valorar demasiado la citada virtud. El doctor Raymond Moody escribía en uno de sus libros: «La mayoría de las personas que se
comportan con amabilidad lo hacen movidas por un deseo
egoísta; quieren sacar algo de ello. El amor altruista es un
regalo que se entrega sin egoísmo por un corazón movido
por la compasión».

Sin embargo, en filosofías como la budista, todo está
guiado por este sentimiento. Según esta tradición, alcanzar
cualquier tipo de dicha estable pasa por la capacidad de ayudar desinteresadamente y, llegado el caso, anteponer los demás a nuestras propias necesidades. Esto mismo se refleja en
las enseñanzas de Jesucristo, quien promovió el amor por los
pobres y desahuciados, asegurando que lo que se hiciera por
ellos, por él se hacía: «Porque tuve hambre y me disteis de
comer; Tuve sed, y me disteis de beber; Fui huésped, y me
recogisteis; Desnudo, me cubristeis; Enfermo, y me visitas-
teis; Estuve en la cárcel y vinisteis a mí» (Mateo 25, 35-36).
Así también en la filosofía espiritual oriental del taoísmo
—que promueve la armonía y el amor universal— se preconiza que «quien se ejercita en la virtud y el altruismo no está
lejos del Tao».

Los profesionales interesados en la psicología positiva,

como Lyubomirsky, afirman que cooperar e implicarse de manera benévola, realizando actos generosos como visitar a enfermos, cooperar con una asociación sin ánimo de lucro, o escribir una carta cariñosa a un abuelo puede repercutir en nuestro bienestar mental y personal, especialmente si estas acciones son llevadas a cabo con regularidad. Como decía en un capítulo previo, se trata de una de las grandes paradojas: cuanto más te esfuerzas por perseguir la felicidad exclusivamente a través de tu propia persona, aprovechando cada situación en tu único beneficio, utilizando a los demás para obtener tus metas, más se aleja la ansiada meta. No obstante, cuando empezamos a preocuparnos un poco menos de cómo utilizar a los demás para aumentar nuestra satisfacción, y en su lugar nos esforzamos por colaborar y ayudar a nuestros semejantes, es cuando la alegría inunda el corazón por sorpresa.

Sin duda alguna, entre las personas más felices que he encontrado en mi camino están los lamas de Nepal y Tíbet —quienes consagran su vida a transmitir lo aprendido para que otros alcancen el bienestar interior—, los monjes contemplativos que emplean la mayor parte del tiempo a la oración por un mundo mejor, los verdaderos sadhus indios que dedican su existencia a la búsqueda espiritual para después guiar a sus congéneres; asimismo los que compaginan sus obligaciones profesionales con las actividades filantrópicas y los que han encontrado sentido a su vida mediante el servicio. Comprender esta aparente incongruencia y ponerla en práctica es fundamental para situarnos en la vía adecuada. No existe prodigalidad en las satisfacciones si éstas no son expansivas y generosas. El camino más corto a la felicidad es tratar de aportar dicha a los demás. Esta forma de pensar alternativa, aplicada con perseverancia y paciencia, termina produciendo resultados. Es sin duda el modo más directo de recibir a manos llenas, porque todo lo que se brinda de manera magnánima siempre regresa multiplicado.

En nuestra vida diaria nada nos impide plantar infinidad de semillas que fructifiquen y produzcan innumerables efectos positivos. El efecto bumerán se produce siempre. Cumple el mismo principio de la ley física que indica que a cada acción le corresponde una reacción de igual fuerza y de sentido opuesto. Con seguridad, toda labor que realicemos, por insignificante que parezca y aunque pueda pasar desapercibida, proporciona resultados que sin duda serán evidentes tarde o temprano, ya que nada se pierde. Incluso cuando las consecuencias de nuestras acciones no parezcan visibles e inmediatas, éstas se harán evidentes en algún momento.

En uno de mis viajes por Asia, tuve ocasión de visitar un asilo perteneciente a la orden de la Madre Teresa de Calcuta. Me emocionó observar la abnegación y cariño con que trataban a los desahuciados y abandonados por la sociedad. Los viejecitos allí acogidos eran cuidados con ternura y respeto, no les faltaba de nada, y gracias a esas monjas ejemplares tampoco lo más importante: alguien que les quisiera. Sin su trabajo desinteresado estarían tirados en las callejuelas infestas, muertos de hambre y de asco. Es reconfortante contemplar grandes muestras de amor y humanidad como éstas. Su referente puede servirnos de acicate y modelo en esta tierra de visiones obtusas y acciones estériles. Esto me hace pensar en una sencilla máxima que escuché en África, proveniente de la tribu xhosa, que merece la pena retener: «Yo soy, porque nosotros somos».

15

Relaciones cercanas

«El afecto es responsable del noventa por ciento de lo que hay de sólida y duradera felicidad en nuestras vidas.»

C. S. Lewis

El amor es ese terreno arriesgado e inestable que resquebraja las seguridades, dejando al descubierto nuestra vulnerabilidad. Es también la clave que permite contemplar la esencia de las personas y no sólo los mantos externos que se lucen en las relaciones sociales superficiales. Es la llave hacia la profundidad de lo humano, hacia la empatía verdadera, hacia la entrega que colma, hacia la ternura bondadosa. Es el sentimiento más universal y enriquecedor, ese que nos dignifica y ennoblece como especie. Pero sólo podemos penetrar en este campo complejo y prometedor cuando nos observamos con claridad y aceptación, permitiendo que surja espontáneamente en nosotros la confianza y la intrepidez suficientes para mirar a los ojos del otro a través de nuestro corazón. Como escribía Abraham Maslow, esto significa «dejar caer las máscaras, nuestros esfuerzos por influenciar a otros, por impresionarlos, por complacerlos para ganar el aplauso... Cuando dejamos de tener una audiencia para la que actuar, cesamos de ser actores».

A veces cerramos nuestro corazón a otras personas porque nos provocan confusión e inquietud, porque carecemos de la valentía de establecer relaciones que pudieran llevar implícita la falta de control y la inseguridad, y albergamos un gran temor al sufrimiento. Lo cierto es que no hay mayor aflicción que la que ha de soportarse en la más abismal de las soledades y dentro de un entorno simulado, en el que nada ni nadie es auténtico.

Existen pocas experiencias tan gratas como compartir los sentimientos y pensamientos más secretos y profundos con otra persona. Contar con la posibilidad de sincerarse, ser uno mismo y confiar, sintiendo que serás aceptado, te querrán de igual modo, y no serás herido con críticas, juicios ni rechazo resulta una fuente inestimable de fuerza y amor.

Es cierto que se precisa atención concentrada, apertura y sensibilidad, y por eso a muchos les cuesta invertir la energía y tiempo necesarios para ello, y les falta voluntad. Para involucrarse en una actividad tan expresiva e intensa hay que estar en contacto con el propio interior, algo imposible si se vive continuamente en función de actividades instrumentales, si nos comportamos casi como un robot. Sin desarrollar una relación sincera con uno mismo, no se puede alcanzar una verdadera fraternidad con otro ser.

Las relaciones más satisfactorias son sin duda las compartidas con los más próximos. La comprensión profunda —al igual que la confianza— tienen sin duda destacados beneficios: reducen el estrés, fortalecen el sistema inmunológico y aumentan la longevidad. Además, poder manifestarse ante otro tal y como uno es, sin caretas ni ficciones, favorece el equilibrio psíquico, moral y físico. Se ha comprobado que las personas que soportan sus problemas en soledad, así como aquellos incapaces de comunicar lo que les preocupa, son más susceptibles de caer enfermos, y se sienten más desgraciados que los que comparten sus inquietudes con seres queridos.

El ejemplo más representativo es quizás el amor filial, ese amor incondicional que la madre experimenta por sus hijos, manifestándose como el más seguro de los afectos. Cuando nos asalta una desgracia, no dudamos en acudir a los padres en busca de apoyo. Estimamos a los amigos por sus méritos y a los amantes por sus encantos, pero nuestro aprecio puede verse menoscabado cuando se produce algún pormenor que mengua esos valores. Aunque a todos nos place ser admirados, esta sensación tiene limitaciones y puede frustrarse cuando menos lo esperamos. Si basamos nuestras amistades en el intercambio insustancial, jamás podremos contar con pilares consolidados venga viento o marea. Si nuestras relaciones no son profundas y somos incapaces de construir conexiones intensas, nos quedaremos con ese sabor entre amargo y absurdo que deja la banalidad.

Construir amistades —incluida la relación de pareja— significa estar dispuestos a consagrarles trabajo y determinación por nuestra parte. Hemos de hacer el esfuerzo de comprender y acercarnos al otro, y por lo tanto brindar una parte de nosotros mismos en el proceso. Requiere un compromiso de confianza y apoyo, de madurez y generosidad, de entrega y tiempo. Sin esa dedicación es imposible la amistad profunda y duradera.

Es un hecho probado que en la edad madura, aunque somos conscientes de la necesidad de esas amistades tal vez más que nunca, disminuyen las oportunidades de hacer nuevos amigos, y puede que los que desaparecieron en el camino resulten difíciles de reemplazar. Los múltiples quehaceres diarios y nuestro estilo de vida apresurado contribuyen a perderlos, ya que en ocasiones los intereses divergen y en otras nos vamos alejando por excesiva comodidad. Quizás el matrimonio y los hijos favorezcan el distanciamiento, así como el desinterés y la falta de voluntad, incluso reconociendo que en esa etapa de la vida la intimidad personal es altamente beneficiosa. Disponer de alguien dispuesto a escucharnos y con quien comunicarnos contribuye a disfrutar de mejor salud y mayor vitalidad. Francis Bacon decía: «La peor soledad es estar destituido de amistad sincera».

Diferentes estudios siguen mostrando que los que no están casados son más propensos a la depresión que los que viven en pareja. Mantener contactos sociales supone un amortiguador para cualquier enfermedad, y aquellos que tienden a aislarse, cuando caen enfermos suelen agravarse todavía más. La conexión entre la falta de soporte social y el padecimiento está demostrada, siendo más importante de lo que en un principio se pudiera creer.

Igualmente, se ha comprobado lo conveniente que resultan las caricias y mimos desde que se nace. Son imprescindibles para un recién nacido, puesto que le son necesarios para establecer las conexiones nerviosas que le permitirán experimentar sentimientos positivos cuando crezca. El afecto es tan indispensable como el alimento.

Cuentan que el káiser Guillermo el Grande de Alemania quiso saber cómo se expresarían los niños a los que jamás se les había enseñado a hablar. Para ello ideó un terrible experimento con bebés que habían sido abandonados al nacer y criados en una inclusa. Las personas encargadas de cuidarlos tenían que procurar alimentarlos debidamente, asearlos, vestirlos y abrigarlos, pero no podían hablarles, sonreírles ni mostrarles afecto alguno. El káiser Guillermo no logró saber cómo llegarían a comunicarse esos niños, porque todos sin excepción murieron.

Los compañeros a lo largo de un gran viaje son siempre valiosos. El psicólogo Edward Diener ha llevado a cabo una investigación reciente en la que ha mostrado las características más sobresalientes de los estudiantes de varias universidades que muestran mayores niveles de dicha y menores signos de depresión. Una de las que aparecía con asiduidad es la alegría y la resistencia ante los problemas de aquellos que contaban con lazos más arraigados en su entorno, familiares y amigos, y que buscaban compartir tiempo con ellos. Diener concluía: «Para ser feliz es muy importante trabajar las habilidades sociales, los vínculos interpersonales cercanos y el apoyo social».

Puede que las relaciones personales enreden nuestras vidas, pero hemos de admitir que sin ellas serían insoportablemente áridas. La vida sin personas a las que nos unan vínculos profundos, personas a las que querer y que nos amen, que estén ahí para darnos la mano cuando lo precisemos y a las que podamos respaldar a su vez cuando llegue el momento, se convierte en algo estéril, lánguido y probablemente inútil.

16

Autoestima

«Confía en ti mismo. Crea la clase de yo con la que te sentirías a gusto conviviendo toda la vida. Saca lo mejor de ti avivando las diminutas chispas internas de la posibilidad en llamas de realización.»

GOLDA MEIR

Poseer una mirada positiva sobre sí mismo es de vital importancia para ser feliz, así como respetarse y aceptarse. Sentirse bien consigo mismo —lo que los franceses llaman *être bien dans sa peau*— es imprescindible. Quien se gusta le resulta más sencillo abrirse a los demás sin tener que guardar sus cartas hacia abajo ni sentirse obligado a esconder su verdadera personalidad. Esa facilidad para revelarse de manera transparente contribuye a crear lazos con los demás con humildad y naturalidad, ya que la comunicación fluye sin evasiones, mentiras o pretensiones. No hay nada que ocultar, ya que todo es diáfano.

Al ser animales sociales, a menudo nos resulta difícil sostener nuestras opiniones cuando éstas no se adecuan a las del grupo. Si bien, para ser auténticos, debemos ser consecuentes también, y seguir los dictados de nuestra mente y corazón, llevando a cabo lo que creemos que es correcto, aunque en ocasiones otros se molesten o no lo aprueben.

«—Hay una cosa que ni siquiera Dios puede hacer —le dijo el Maestro a un discípulo al que le aterraba la mera posibilidad de ofender a alguien.

—¿Y cuál es?

—Agradar a todo el mundo —dijo el Maestro.»

Para ser íntegros debemos fortalecer nuestra autoestima y continuar el camino con coraje, a pesar de las críticas y de la resistencia externa. La autenticidad implica realizar aquello en lo que creemos: las actividades que están en armonía con nuestro ser, así como con nuestros valores y sueños. Es decir, todo lo que de algún modo tiene sentido para nosotros. Sin esa fuerza interior que nos sostiene es complicado encarar la vida con una cierta libertad, pues permitimos que la mirada de los demás nos encadene. Esto conlleva un peligro, ya que el juicio que pueda proceder de fuera jamás es objetivo, al encontrarse sesgado por las vivencias, los fracasos y temores del propio observador y crítico. Sin una sana dosis de autoestima nos será imposible intentar escalar las montañas de nuestros sueños, apostar por nuevos retos, poseer la resistencia para continuar con denuedo a pesar de las caídas. Esa voz interna que nos anima a avanzar constituye el motor de una vida plena.

El recuento de lo que somos y lo que desearíamos ser se guarda en nuestro inconsciente: vivencias, listas de resultados, compendio de diagnósticos y evaluaciones. En ese diario personal se anota cada novedad, cada pequeño rencor que nace, cada ilusión y estímulo interesante, cada íntima frustración, todo lo pronunciado y escuchado, y los secretos jamás compartidos. Todas las heridas quedan almacenadas en la memoria —como el cuadro homónimo de René Magritte que muestra una cabeza blanca y marmórea, manchada en contraste de sangre—, y a veces parece que lo que vamos introduciendo en el cerebro contamina lo que hay dentro, agujerea los archivos, ensombrece el fulgor de los acontecimientos más luminosos, corroe con su poder sulfúrico nuestros ideales, las esperanzas y motivaciones que deberían suministrar energía y estimularnos en nuestras alegres aspiraciones.

En ocasiones tememos nuestra propia insuficiencia; necesitamos una mayor justificación para nuestra existencia. Este miedo es el que nos impulsa a dedicarnos a múltiples tareas infructuosas que nos desvían de nuestra ruta y nos induce a contemplar todo con la indiferente naturalidad del que ha perdido la ilusión.

Cuando la visión erosionada que tenemos de nosotros mismos procede de una excesiva dependencia del afecto exterior, siempre permaneceremos sedientos, mendigando como pedigüeños restos de ternura, degradándonos en la petición a niveles de angustiosa humillación, para terminar frustrados por no lograr convertirnos en los modelos de amor inconmensurable que recibimos de nuestros padres. La persona dependiente se vuelve un sufridor empedernido que busca con su reiterada obstinación la aprobación, insiste en persuadir con favores, tiernas delicadezas y sutiles atenciones que sólo provocan iras, desprecio y rechazo.

En ocasiones nos damos cuenta de que ni siquiera hemos sido queridos nunca, porque los que nos mostraban cariño nos engatusaban a traición, haciéndonos creer que a base de esfuerzo recibiríamos por fin el ansiado don del amor, sien-

do en realidad un siniestro ardid como en la más pura tragedia de traidores shakespearianos.

Carl G. Jung hablaba de complejos que, a modo de nu-
dos, nos atan produciendo una trabazón interna que nos im-
posibilita la emancipación, ya que ciertas circunstancias es-
tiran la cuerda y nos retienen sin que podamos percatarnos
de tal peculiar trabazón. Nos infravaloramos por miedo al
rechazo, suponiendo que no lograremos interesar. Estos
complejos no aparecen por arte de magia, sino que nos los
hemos fabricado en algún momento de nuestro viaje, quizás
a causa de la desatención de nuestros padres, que nos dejaron en un segundo plano al nacer un hermano menor; o al
sufrir tormentos en manos de nuestros compañeros de clase,
o al colisionar contra el sistema escolar al estar dotados de
cualidades que pasaron desapercibidas o que estaban desfa-
vorecidas en ese entorno, o incluso a raíz de un fracaso sentimental, de malos tratos, enfermedades o traumas.

De cualquier modo, debemos ampliar nuestros horizontes
superando el pasado sin seguir aferrándonos a lo que nos hirió, para enfrentarnos así al presente con optimismo, desem-
barazados de los bagajes que ya no nos resultan beneficiosos.

La escritora y maestra Louise L. Hay afirma que el amor
hacia uno mismo puede producir milagros en nuestras vidas. Resulta paradójico el hecho de que en esta sociedad de
culto al ego y a la individualidad más desaforada haya tal
ausencia de autoestima, tal vez por soportar una gran presión social y mediática que parece encaminada a conformarnos a todos en un mismo patrón. Muchos se sienten inadap-
tados e incompletos al compararse con la imagen ideal con
la que se supone debemos ajustarnos todos sin excepción.
De ahí provienen con frecuencia los problemas de anorexia,
bulimia, operaciones de estética sin fin, alcoholismo… Aun-

que la búsqueda de la perfección es en sí misma deseable, deja de serlo cuando ésta se convierte en una obcecación imposible que nos conduce a una sed insaciable, y a la sensación abrumadora de que algo en nosotros es terriblemente incorrecto y que por mucho que nos esforcemos jamás podremos deshacernos de ello. Hemos de enfrentarnos a nuestras imperfecciones aprendiendo de cada error, procurando evitar repetirlos, conociendo nuestras limitaciones —aceptándolas de manera natural— y así evitar exponernos innecesariamente a situaciones que superen nuestra resistencia. Además, nos ayudará a comprender mejor las imperfecciones de los demás, pues todos somos simples humanos en un camino hacia algo más luminoso y más profundo que nos integra dentro de una unidad con todo lo existente.

Considerar la vida con el tiempo condicional no es aconsejable. ¿Qué sentido tiene preguntarnos lo que habría podido ser de haber actuado de otro modo o atormentarnos porque nos faltan dotes y talentos que otros poseen? Cavilar desde la penumbra de la incertidumbre no resulta adecuado, pues hicimos lo que pudimos entonces, y de cualquier modo ya no se puede cambiar. Además, hemos de aceptar la realidad como es. Poseemos todos los dones y recursos para realizar nuestra labor y aprendizaje en este mundo. Igualmente, contamos incluso con los elementos suficientes para llevar a cabo grandes obras, aunque debemos creer en nuestras capacidades para hacerlo posible. La confianza en uno mismo es pues un elemento indispensable, así como liberarnos de la necesidad de aprobación de los otros. Como decía el psicólogo Abraham Maslow: «Tenemos que independizarnos de la buena opinión de los demás».

A veces el sentimiento de inferioridad puede resultar insidioso sin que esté basado en la realidad. De hecho, resulta sorprendente que gente preparada e incluso célebre padezca de este mal. He conocido a guapas modelos que no se gustaban, que necesitaban el halago permanente; a personas valientes que se sometían regularmente a pruebas peligrosas para poner a prueba ese coraje que no terminaban de tomarse en serio; a artistas famosos que buscaban siempre en el aplauso del público un espejo que les infundiera estima. Ninguno de ellos podía aceptar sus características positivas inherentes porque no se encontraban a la altura de sus propios e imaginarios estándares. Un vago peso de culpa e impotencia absurda enturbia la energía de muchos de nuestros corazones, de tal modo que cuando otros sienten afección, ellos no logran reconocerse meritorios de la misma. La indeleble necesidad de amor está siempre presente, pero al no haber sido articulada, tampoco puede ser resuelta ni reparada de manera saludable.

La inseguridad es sinónimo de duda y un obstáculo que nos dificulta el avance. Es como si un tinte gris y mortecino tiñera la existencia. La falta de entusiasmo amenaza nuestros pasos, obligándonos a afrontar las tareas temiendo el fracaso. Una autoestima demasiado baja suele generar actitudes de frecuente desánimo, falta de atrevimiento, insuficiencia para desarrollar las propias competencias y creer que casi todo es inaccesible. Con esa actitud, la derrota viene dada de antemano, precisamente por esa injustificada desvalorización de uno mismo. La persona con la autoestima menguada tiende a medirse en función de su entorno; le preocupa mucho cómo le verán otros, y necesita apoyo mediante admiración y alabanzas. Si otras personas le critican, su visión personal se ve profundamente menoscabada. Es decir, su estima oscila en función de cómo otros le consideran. Además es muy crítico con las propias acciones, nunca se siente al nivel de sus expectativas. Si consigue cumplir sus proyectos, se siente orgulloso; si por el contrario no alcanza las metas planeadas, entonces su moral se deteriora. Si este talante está muy arraigado en el carácter, cuando otras personas intentan ayudarle o alentarle, suele desdeñarlo, pues lo interpreta como halagos infundados o simples cumplidos de cortesía, un ingenuo desconocimiento de la realidad o incluso como un intento de burla.

Este tipo de personas suelen expresar que sienten mayor compasión y amor hacia otros seres que hacia sí mismos; hasta tal punto que un acto de sacrificio por otros representa para ellos un desprecio hacia sí mismos en lugar de una prueba de verdadera bondad. Dentro del incesante y negativo monólogo interno afirman: «No puedo hacer esto. No me merezco aquello. Nunca me pasa nada agradable…» Y al final terminan por integrarlo como una costumbre, sin ser conscientes de ello. Sólo al realizar una psicoterapia o meditación regular se dan cuenta del odio que encierran hacia sí mismos. Algunos, ante una contrariedad reaccionan creando agresividad, atacando a quienes encuentren en su camino. Prefieren encubrir su propia mordacidad, pues es más cómodo proyectarlo hacia el exterior, ocultando sus deficiencias y temores. Es más sencillo y menos traumático acusar a otros de comportamientos y sentimientos inadecuados. Este mecanismo constituye la raíz de la misoginia, la homofobia, el puritanismo y tantas otras desviaciones que a menudo actúan como espejo; de tal modo que aquello contra lo que reaccionamos de manera desproporcionada y criticamos acérrimamente supone en el fondo una representación de nuestras creencias y debilidades no expresadas ni admitidas. Es obvio que es más cómodo señalar con el dedo hacia fuera que examinarse por dentro. Como afirmaba Sartre: «El infierno son los otros».

La persona cuya autoestima es sana no es presuntuosa ni altanera, y es capaz de mantener su confianza independiente de la aprobación ajena o del resultado de sus proyectos. Además, apenas depende de las circunstancias exteriores y de la posible discrepancia entre su actuación en un determinado momento y sus reglas internas a la hora de realizarlas.

En el extremo nos encontramos con el orgullo y la soberbia, provenientes de un sentimiento de superioridad. Los tibetanos lo asemejan a la cumbre de la montaña. Cuando la presunción rige nuestro comportamiento, el terreno se queda yermo. Es sólo en las laderas de la montaña, una vez que se desciende a niveles más saludables, donde las plantas pueden crecer aprovechando el deshielo y una tierra más fértil.

A menudo somos propensos a alardear y llegamos a presumir a la mínima oportunidad, situándonos por encima del resto, pretendiendo destacar en todos los dominios. Pasamos demasiado tiempo tratando de probar que somos los mejores: los más agraciados, los más acaudalados, los más inteligentes, los más preparados… En definitiva, lo único que conseguimos con este exceso de vanidad y arrogancia es separarnos de los demás, pues no deseamos que nadie nos haga sombra. La realidad es que este comportamiento nos impide aprender de ellos porque, al subestimarlos, les relegamos a un plano inferior que no es en absoluto real. ¿Cómo podemos pretender destacar en todo? Debemos asumir que estamos lejos de ser perfectos; todos cometemos errores, y situando nuestra plataforma a una altura inalcanzable, estamos impidiendo todo intercambio igualitario y enriquecedor, asentando los cimientos de la insatisfacción personal, pues jamás podremos elevarnos lo suficiente para alcanzar expectativas irreales.

Aquellos que tienen falta de autoestima ratifican su deseo

de ser felices, aunque no están seguros de merecerlo; se sienten culpables, como si de algún modo considerasen incorrecto gozar de bienestar y deleite. Supongamos que pertenecemos a ese numeroso grupo que sufre de escasa autoestima. ¿Tiene este problema remedio? ¿Podemos redimirnos para también poder degustar una porción del pastel de la felicidad? ¿Cómo?

Uno de los métodos que utiliza la psicología cognitiva se asienta en identificar el patrón de pensamiento negativo, proponiendo junto con el paciente antídotos positivos en forma de afirmaciones que se repetirán mentalmente de manera regular. Otro ya mencionado es la meditación. Las personas descubren con esta práctica que no deben dejarse abrumar por los pensamientos incómodos, atestiguando su falta de fundamento por ser creencias ilusorias y fugaces, por lo que pueden desvanecerse por sí solos y no están grabados en piedra. Pueden así comprobar que está en sus manos transformarlos, sin tener que sentirse víctimas de limitaciones ni trabas externas.

Es preciso plantearse aspiraciones y metas, manteniendo una escala de valores y perspectivas apropiadas, buscando el desarrollo personal. Por supuesto sin rebajar nuestras ambiciones ni anular los ideales para evitar las decepciones. Ésa es la estrategia del escepticismo vital, en la que se apagan los sentimientos de sana emulación y se enaltece, por el contrario, la falta de objetivos y la mediocridad. ¿Habría pues que renunciar a la excelencia? No lo creo. El rumbo sería avanzar en el camino de la virtud, dejar de lamentarse de las dificultades y tomarlas como oportunidades para forjar el propio carácter. Precisamente las personas más interesantes que hayamos podido conocer son aquellas que se enfrentaron a grandes retos con entereza y consiguieron superarlos gracias a su constancia y voluntad. Éstas son las que merece la pena emular.

Asimismo es preciso aprender a aceptarse serenamente. Lo cual nada tiene que ver con claudicar en la inevitable lucha que siempre acompaña toda vida bien planteada, sino con la evidencia de encontrar un sensato equilibrio entre exigirse demasiado y conformarse pasivamente con la mediocridad. Hay que tratar de comprenderse y respetarse sin necesidad de recurrir a la flagelación por las equivocaciones realizadas. Para lograrlo, debemos invertir tiempo y energía en el conocimiento interno, lo cual nos ayudará a superar también los desánimos que pueden surgir de los propios errores y fracasos. Aunque asomen atisbos de hundimiento y desazón, bajones de ánimo que parezcan postrarnos en las profundidades del abismo, como apuntaba Kahlil Gibran «no se puede llegar al alba sino por el sendero de la noche». Es entonces cuando conviene pararse a cavilar sobre sus causas. A veces nos lamentamos al comprobar de qué modo pueden desanimarnos contratiempos insignificantes, cómo podemos pasar de la exaltación al abatimiento en un abrir y cerrar de ojos, cómo nos perturban comportamientos ajenos. Si tomamos conciencia de nuestros inestables estados de ánimo mediante la observación imparcial, el desfallecimiento no llegará a desalentarnos. Somos los capitanes de nuestro barco. Las mareas y los vientos pueden zarandear la nave, mas poseemos la capacidad de enarbolar las velas para contrarrestar las corrientes, y en última instancia manejar el timón para activar nuestras habilidades y lograr capear el temporal sin hundirnos en el intento.

17

Liberarse de los resultados

«Es mejor el conocimiento que la práctica mecánica. Es mejor la meditación que el conocimiento. Pero es aún mejor el abandono del apego a los resultados, porque de aquí surge la paz inmediata.»

BHAGAVAD GITA

El camino hacia la paz y la maestría lleva intrínseco carecer de expectativas y requerimientos, manteniendo sólo las intenciones. La clave radica en no convertirse en adictos a nuestras ambiciones; y emanciparse de los resultados concretos. Los grandes sabios ponen de manifiesto la importancia de mantener la atención en el momento presente (lo que en inglés se llama *mindfulness*), sin postergar la plenitud ni esperar que algo diferente nos colme. Sólo aceptando la vida tal y como se nos presenta —sin agobios y sin rebelión—, y haciendo añicos las conceptualizaciones que nos constriñen, nos podemos liberar. «Sorprenderse, extrañarse, es comenzar a entender», apuntaba el filósofo Ortega y Gasset. Únicamente abrazando la realidad en su desnudez, dejando las luchas sin sentido y los esfuerzos que nos agotan al aceptar los muros que jamás cederán podremos dar un paso hacia delante. Asumir lo que no se puede modificar no significa estar de acuerdo con ello, ni se han de comprometer los valores propios ni rendirse ante los enemigos. Pero de no hacerlo, estrangulamos las posibilidades que se nos pueden presentar. No es posible transformar el mundo desde la sublevación insensata y agresiva, porque lo que resistimos persiste indeleblemente. Cambiar nuestras circunstancias pasa por la aceptación pacífica e incondicional de aquello que acaece en estos precisos instantes.

Cuando nos apegamos y empecinamos con la meta final, nos atamos emocionalmente a aquello que se encuentra más allá de nuestro control, y obsesionados con ello, nos impedimos disfrutar de las ocasiones inesperadas que puedan surgir en el camino. Hay un famoso cuento indio que lo ilustra bien.

«Un hombre mayor vivía con su hijo de manera humilde pero feliz en el campo. El hombre gastó casi todos sus ahorros en la compra de un hermoso semental. Aquella misma noche el caballo saltó la valla y se escapó. Los vecinos se acercaron y le expresaron sus condolencias: —Qué terrible —le dijeron.

—¿Bueno? ¿Malo? ¿Quién lo sabe? —respondió él.

Diez días más tarde el animal regresó acompañado por una decena de caballos salvajes. El hombre pudo atraerlos hacia el corral y fijar bien la valla para que no pudieran huir esta vez. —¡Qué gran fortuna! —le expresaron los vecinos cuando vinieron a curiosear.

—¿Bueno? ¿Malo? ¿Quién lo sabe? —respondió él.

Su hijo comenzó a amaestrar los caballos. Uno de ellos le tiró al suelo y quedó herido en una pierna, de tal modo que se quedó con una cojera permanente. —¡Qué mala suerte! —le aseguraron los vecinos.

—¿Bueno? ¿Malo? ¿Quién lo sabe? —respondió él.

Al verano siguiente el rey declaró la guerra. Las bandas recorrieron todos los pueblos en su afán por reclutar a los jóvenes para luchar. A su hijo no le obligaron debido a su defecto físico. —Realmente eres muy afortunado —exclamaron los vecinos mientras se lamentaban que sus propios hijos tuvieran que partir.

—¿Bueno? ¿Malo? ¿Quién lo sabe? —respondió él.

Aquel mismo invierno...»

Así ocurre siempre. Si algo te importuna en estos momentos, párate a reflexionar. Podría tratarse de algo perjudicial o, a largo plazo, positivo; el caso es que no hay manera de saberlo con total certeza. Lo que parece una auténtica catástrofe hoy podría resultar una bendición más tarde, ¿cómo podemos estar seguros? Incluso las crisis, que representan momentos de máxima fricción, tensión y dolor, son con frecuencia grandes oportunidades para los que las sufren.

Hemos sido educados en la creencia de que acciones, expectativas y resultados forman parte del mismo paquete. Para conseguir una meta han de darse determinados nexos que concluirán inexorablemente en el fin deseado. Cuando esta correspondencia no culmina como habíamos previsto, aparece la frustración. Sin embargo, ese círculo sin aparente salida se puede romper reconociendo que las acciones suelen entrar en nuestra parcela de control, mas no así los resultados. Las reacciones en función de lo que acontece están en nuestro poder, siempre y cuando nos hayamos entrenado en esta práctica. De algún modo la vida constituye una sucesión interminable de estímulos ambiguos, por lo que la perspectiva que decidimos adoptar depende sólo de nosotros.

El escritor y rabino Harold S. Kushner escribía: «A veces en la vida tenemos que convertirnos en menos para ser más. Nos hacemos personas completas cuando nos despegamos de todo aquello que no es adecuado para nosotros, de lo falso y poco auténtico. En ocasiones para convertirnos en personas completas, tenemos que abandonar nuestro Sueño». Lo que él llama sueño, es lo que yo entiendo como fantasías. Se suelen originar en la juventud, por influencia paterna, el entorno familiar, el colegio, los amigos o fruto de nuestra propia imaginación. En ocasiones están relacionadas con las ilusiones de convertirnos en alguien realmente especial. Soñábamos con destacar, encontrar la pareja perfecta, que nuestros hijos despuntaran, deseábamos que nuestro trabajo fuera reconocido... Más tarde, cuando la realidad no se ajusta a nuestros sueños, nos sentimos fracasados.

A medida que los años pasan, seguimos comparando nuestros logros reales con aquello que esperábamos. Nos empeñamos en planear nuestras vidas para que nada se nos escape, elucubrando de manera exacta cómo pretendemos que cada uno de nuestros proyectos se ultime. Creemos poseer la claridad suficiente para reconocer de antemano adónde hemos de llegar, presuponiendo que una vez alcanzada la cima de esa montaña nos sentiremos realizados. Queremos tener todos los cabos atados, las preguntas contestadas, la estrategia afinada. No nos cabe la menor duda de que si nos esforzamos lo suficiente, sortearemos todos los obstáculos y, finalmente, izaremos nuestra bandera en la cumbre que hemos concebido; seguro que entonces podremos ser felices. «Las circunstancias no se elevan para llegar a nuestras expectativas. Los eventos ocurren como ocurren. La gente se comporta como es. Abraza lo que tengas», aconsejaba Epicteto. Sin aceptar de corazón lo que la vida nos trae nos perdemos una sinfonía de experiencias y percepciones que podrían enriquecernos y hacernos progresar.

Una de las grandes contrariedades con la que nos enfrentamos es la incapacidad para poner demarcaciones a nuestros deseos —sin separar lo factible de lo ficticio— por lo que cuando su ejecución está fuera de nuestro alcance, nos desilusionamos. Comprender la diferencia entre lo urgente y lo prioritario, lo permanente y lo efímero es primordial para lograr la anhelada serenidad. La libertad no consiste en imponer nuestros caprichos ni hacer todo aquello que nos apetece, sino en comprender los límites del propio poder y los contornos naturales con los que nos topamos; lo cual sólo es posible al contemplar los hechos inevitables, colaborando con ellos en lugar de luchar en su contra. Así nos podemos convertir en seres libres. Al aferrarnos a aquello que se sitúa más allá de nuestro dominio, nos esclavizamos. Como cantaba Janis Joplin: «Libertad no es más que otra palabra para decir que no hay nada que perder».

Alcanzar la versatilidad de la comprensión ecuánime supone incorporar a nuestra experiencia las circunstancias de gran carga emocional que nos resultan más difíciles de aceptar. Cuando algún familiar de un conocido fallece estamos dispuestos a señalar: «Es el ciclo de la vida. La muerte aparece tarde o temprano… algunos hechos son inevitables», tratando de confortarlo a nuestra manera. Sin embargo, si el que muere es una persona cercana a nosotros, tendemos a sentirnos desesperados y desconsolados, alegando nuestra mala suerte. Resulta interesante transferir esos sentimientos a los vaivenes presentes. Así podremos aprender a digerir todo tipo de acontecimientos con sabiduría y calma, conscientes de que no somos dioses capaces de controlarlo todo. El doctor Jorge Carvajal afirma que aunque solemos considerar las caídas como catástrofes, en realidad son estrategias del alma, llamadas de atención. Ésa es la terrible osadía de la entrega: facilitar el renacimiento de una crisálida cuyas alas otrora no podían volar. Sin bajar las armas y abandonar el escudo de nuestras protecciones ilusas no es posible abrir caminos. Sin rendición no hay umbral posible hacia la victoria, tal es la misteriosa singularidad que encierra la vida.

Sólo incrementando nuestro equilibrio podremos reposar en una cierta paz, sin sentirnos arrastrados por un tiovivo emocional debido a la imposibilidad de moldear el mundo a nuestra imagen y semejanza. Así nos lo aconseja Castaneda por boca del chamán Don Juan: «La diferencia básica entre un hombre ordinario y un guerrero es que el guerrero se toma todo como un reto, mientras que la persona ordinaria se toma todo como una bendición o una maldición». Las situaciones aparecen sin nuestro permiso, y los pormenores cambian constantemente. En último término no son los hechos en sí mismos los que nos dominan, sino nuestras esperanzas y miedos. Por ello debemos desarrollar disciplina y tesón para no vernos sacudidos por la atracción y la repulsión, por el juicio, por la crítica, por las opiniones apresuradas, siempre buscando signos que refuercen nuestra visión y nuestras posiciones, sin haber verificado su evidencia con antelación.

Los acontecimientos son impersonales. En lugar de pensar «éste es mi triunfo» o «ésta es mi amarga desgracia», y a partir de ello llegar a conclusiones fulminantes sobre uno mismo o la condición humana, es mucho más recomendable intentar extraer alguna lección y aplicarla a acontecimientos similares que pudieran ocurrir en el futuro. En toda clase de escenarios —aunque sean desafortunados— deberíamos intentar buscar la oportunidad oculta; incluso si para ello resulta necesario poseer la valentía de salir de los cansinos puntos de vista que nos conducen al estancamiento: éxito o fracaso, bueno o malo, correcto o erróneo, positivo o negativo...

Si persistimos en interpretarlo todo con el filtro simplista de las categorías polarizadas, nos perdemos las ventajas de la apertura mental. La vida está repleta de posibilidades, por lo que al mantener una fijación sobre cómo deben concluir nuestros propósitos, nos perdemos el tesoro de lo nuevo. Sin admitir el factor sorpresa y el misterio inherente a nuestra existencia, nos creamos nuestro propio sufrimiento, sin percatarnos que nadar en contra del curso de la corriente —además de infructuoso— es tremendamente agotador.

El sabio tiene la seguridad de que proyectar anhelos y temores en el futuro carece de sentido, pues esto provoca representaciones melodramáticas en la mente, aparte de mermar nuestra energía. Hay un lugar para la planificación prudente y la preparación de lo que pueda venir, lo cual sin duda forma parte de los buenos hábitos personales; así como examinar regularmente nuestros motivos para asegurarnos que están exentos de recelo o pereza. Angustiarse por lo que pudiera acontecer en el mañana es una tarea baladí. La flexibilidad de espíritu ayuda a no verse sobrepasado por los avatares impredecibles, permitiendo la estabilidad basada en la fuerza interior, no en las volubles circunstancias exteriores.

18

Generosidad

«Es sólo dando que recibimos.»

SAN FRANCISCO DE ASÍS

La esencia de la generosidad es el desapego. Ofrecer nos enriquece, mientras que aferrarnos a lo material nos empobrece. Estoy convencida de que la verdadera fuente de prosperidad y riqueza radica en el hecho de dar; por el contrario, el resultado de la avaricia es la pobreza, material y espiritual. De la mezquindad de espíritu no puede aflorar ninguna gran obra. Si no te desprendes de lo que te sobra, no podrás reconocer que no te falta de nada. Además, la dimensión de nuestra vida no estará al final en la cantidad acumulada, sino en lo que pudimos compartir con otros, porque todo aquello que juzgamos fundamental se quedará aquí cuando partamos. Lo cual me trae a la mente un cuento de Anthony de Mello:

«A otro hombre muy rico que estaba poniendo en peligro su salud con su afán de ganar dinero, le contó el Maestro el caso del avaro al que llevaban a enterrar.

»De pronto, el tipo recobró el conocimiento, se hizo cargo de la situación y tomó una rápida decisión: "será mejor que me levante, o tendré que pagar la factura del funeral".

»"La mayoría de la gente prefiere salvar su dinero antes que su vida", fue la conclusión del Maestro.»

La generosidad caracteriza la nobleza de carácter de esas personas dispuestas a ayudar y a ofrecer cosas propias sin esperar nada a cambio. Es una virtud que utiliza la voluntad para acercarse al bien. Proviene de una entrega, una decisión libre de prodigar lo que uno tiene, y en última instancia lo que uno es. Desde luego no se trata de desprenderse de lo que uno disfruta de cualquier modo, de abandonarlo, de renegar de lo propio o de rechazar aquello que se posee.

Cierto es que el que nada tiene, nada puede ofrecer, como también lo es comprobar que una dicha fascinantemente indefinida emerge cuando compartimos, ya que de algún modo nuestra alegría se ve multiplicada. El desprendimiento no sólo ha de limitarse a nuestros bienes, sino también a nuestro tiempo, nuestra energía, nuestra sonrisa, nuestros conocimientos y sobre todo nuestro cariño. Lo principal está en comprender que no se puede tener todo hasta que uno no esté dispuesto a darlo todo.

Para ejercitar la benevolencia es fundamental ser agradecido por lo que uno disfruta y tener poco apego a las posesiones, porque lo material resulta superfluo para colmar la satisfacción interna. Esta posición es la que genera verdadera fortuna, porque percibimos que poseer más no va a aportarnos alegría ni deleite adicional.

Cuanto más damos, más recibimos. Si estamos rodeados de riqueza, pero no la compartimos, ¿para qué la queremos? Con la riqueza aparecen poder y prestigio, mas también problemas, preocupaciones, la angustia de intentar no perderla, y la obligación añadida de seguir amasando con incansable frenesí... El dinero y la posesión son provechosos si están bien empleados y no utilizados como un instrumento que nos separe y aísle de los demás, ya que toda jaula —aunque sea de oro— siempre encarna amargura, reclusión y, a la postre, aniquilamiento. Decía Stanley Jones: «El dinero es un siervo maravilloso, pero un amo terrible. Si se pone encima de ti y tú quedas debajo, te convertirá en su esclavo». Además, es fácil obnubilarse con ello y caer en la avaricia, en el temor continuo de no tener suficiente, en el espíritu de la tacañería, en el miedo a perder lo que en su momento ganamos, en el desasosiego por no poder adquirir todo lo que se nos antoja, ya que la cesta de necesidades aparentes jamás finaliza.

Cuenta una historia de un campesino que decía a sus amigos:

—Si yo tuviera dos casas daría una para los pobres. Si yo tuviera dos caballos, daría uno para los pobres. Si tuviera dos campos, daría uno para los pobres.

Y los otros le preguntaron: —¿Y si tuvieras dos gallinas?

—Si tuviera dos gallinas, no daría ninguna a los pobres.

—¿Por qué?

—Porque las dos gallinas sí las tengo.

Qué fácil es soñar con ofrecer el día que nademos en la opulencia, y mientras tanto quedarnos sin compartir aquello que sí tenemos. En el Antiguo Testamento (Proverbios 11, 25) se señala: «El que es generoso, prospera; el que da, también recibe». Practicar la generosidad fortalece el corazón;

cuanto más se brinda, más se robustece. Todos contamos con algo que poder compartir: dinero, talento, tiempo, simpatía, una sencilla oración.

Lo fundamental no es tanto entregar bienes, sino ofrecerse uno mismo. Antonio Machado decía que no era una cualidad de las manos. Albert Camus consideraba que «la verdadera generosidad para con el futuro consiste en entregarlo todo al presente» y el escritor Juan Bunyan afirmó: «No has vivido hasta que no hayas hecho algo por personas que nunca podrían pagarte o retribuirte el favor». La generosidad del ser humano es el hábito de dar y acercarse a los demás sin pretender retribución alguna. Se puede beneficiar a otros de numerosas maneras: proporcionando favores, brindando nuestro tiempo, repartiendo alegría, perdonando las ofensas, escuchando con sincera atención, saludando con amabilidad, acogiendo con los brazos abiertos e incluso sacrificando comodidad y privilegios en aras de favorecer las necesidades de otros… Todos estos actos suponen una voluntad de entrega, una decisión libre de prodigar lo que uno tiene. La finalidad de repartir y compartir diverge de la entrega a regañadientes y también de la entrega con intención de sacrificio e inmolación, con abandono, o con menosprecio; es en esencia una disposición del corazón.

En el extremo opuesto está la avaricia, encontrándose en este grupo el egoísta, siempre escatimando esfuerzos. Se cuida y conserva tanto que llega a la muerte casi sin estrenarse. Se va de este mundo sin dejar hecho nada auténtico, sin dejar huella alguna, sin haber sido útil a nadie. La consecuencia de dicho comportamiento es el sufrimiento, al convertirse en presa habitual de sus propios zarpazos, de su espíritu rácano. Quien, por el contrario, no regatea tiempo, esfuerzo o afecto para los demás, es mucho más dichoso, y disfruta la alegría ajena como propia.

La esplendidez se establece sobre la base de la bondad. Debido al individualismo feroz, se ha equiparado la bondad a la debilidad o incluso a la simpleza. Hoy los especialistas científicos de la evolución afirman que la colaboración y la solidaridad forman el núcleo de nuestra identidad, siendo la condición que ha permitido que la humanidad sobreviva. Incluso en el reino animal podemos observar comportamientos solidarios, sin que predomine la ley del más fuerte, como puede ser con los delfines que han salvado muchas vidas humanas o los primates que se muestran gratificados al tomar decisiones que benefician a otros monos, según se ha comprobado.

El hombre tiene que dejar de ser un lobo para el hombre, contrariamente a lo que nuestras vidas competitivas y las relaciones tensas parecen demostrarnos demasiado a menudo. En realidad, todos los animales sociales estamos genéticamente dotados para el entendimiento. El terapeuta y filósofo Piero Ferruca explica que los lloros de un recién nacido provocan el llanto a los bebés cercanos en la maternidad. No porque el ruido les moleste (otras simulaciones sonoras al mismo volumen les dejan indiferentes), sino porque les conmueven y contagian su aflicción. El problema es que al convertirnos en adultos olvidamos llorar con los demás… Debemos recuperar esta bondad natural que se encuentra adormecida en nosotros, pues es lo que enriquece nuestra existencia.

A lo largo de la historia la mayoría de los humanos ha actuado olvidando que todos formamos parte de un todo, de una red que nos relaciona; así, lo que le ocurre a la tierra —como estamos comprobando ahora con el cambio climático— también afecta a los hijos de la tierra. ¿Estamos aquí sólo para acaparar tanto como podamos a expensas de la naturaleza y de nuestros compañeros de especie, o hemos venido a contribuir, intentando construir, sembrar y dejar atrás un mundo mejor gracias a nuestra presencia y acciones?

Cada vez hay más gente convencida de que el aleteo de una mariposa puede provocar un ciclón al otro lado del planeta. Es por eso que los pequeños actos de generosidad y amabilidad pueden producir un impacto considerable sobre la humanidad. Existen incluso movimientos globales que gracias a Internet promueven este concepto, como el llamado World Kind Movement,* un organismo laico que nació en Singapur en el 2000 con el fin de federar las iniciativas individuales y colectivas lanzadas en veinte países. Este movimiento propone realizar gestos de civismo y consideración por el prójimo: desde ofrecer nuestro asiento a una embarazada, hasta enviar una postal a un desconocido escogido al azar en la guía telefónica, pagar el peaje de la autopista a aquel que viene detrás, o regalar un ramo de flores a una desconocida con una tarjeta indicando que proviene de alguien que la quiere, como hace un amigo mío de vez en cuando.

Hay infinidad de detalles que podemos llevar a cabo a pequeña escala y que pueden dar una nota agradable a la vida de la gente que nos rodea: poner una nota de ánimo para nuestros hijos antes de su examen, ofrecerse a cuidar a los niños de nuestra amiga para que pueda ir al cine con su marido, llevar una caja de dulces a la oficina de manera anónima, ayudar a una mujer mayor a poner sus compras sobre la caja del supermercado, enviar una tarjeta a un amigo que

---

* www.worldkindness.org.sg y www.actsofkindness.org

pasa por momentos bajos, echar una mano a ese turista que parece extraviado, hablar con un mendigo al que nadie mira a los ojos...

La actitud es fundamental cuando ayudamos. No debemos esperar gratitud alguna de la persona a la que echamos una mano. Al contrario, hemos de estar agradecidos nosotros por disponer de una situación en la que hemos podido proporcionar alguna asistencia útil. Un ejemplo digno de admiración es el comportamiento de la población birmana con los monjes que salen a la calle por las mañanas pidiendo humildemente con sus *bowls*. La gente les ofrece arroz y lo que buenamente pueden mientras les agradecen la oportunidad de poder serles de ayuda.

Todas estas atenciones destinadas a alegrar el día de otra persona precisamente nos sirven de acicate para estar de buen humor. Aunque pueda parecer que estamos haciendo un favor al otro, en realidad nosotros somos los primeros beneficiados al sentirnos reconfortados, más seguros, más contentos como consecuencia de esas acciones. Es algo que ha sido constatado por los estudios realizados por varios psicólogos de la Universidad de Stanford (Estados Unidos) con la intención de evaluar los beneficios de este tipo de actos. Se escogió una clase de estudiantes universitarios que se dividió en dos: durante algunas semanas los del primer grupo debían practicar regularmente actos de generosidad, no así los del segundo. Las observaciones de los investigadores fueron claras: durante el estudio, los miembros del «grupo generoso» vieron recompensadas sus acciones sintiéndose de buen humor y más eufóricos que los componentes del otro grupo, quienes no experimentaron mejora alguna en su estado aní-

mico. ¿Qué más se puede pedir? El talante desprendido y
bondadoso aporta sin duda consecuencias positivas tanto
para los que dan como para los destinatarios. La abnegación
beneficia por igual al dadivoso y al que recibe.

La magnanimidad no es una virtud de la aristocracia moral ni del poder, ni de aquellos situados en un nivel ético tan
alto que ni nos molestamos en tratar de emular sus mejores
virtudes. No es un lujo reservado a un reducido número de
privilegiados; la grandeza de ánimo está al alcance de todos.
No existen tareas de ínfima categoría, pues toda acción puede estar cargada de valor, entendiendo el servicio como la
actitud que va más allá del beneficio inmediato y personal.
La nobleza de espíritu se traduce en esa dignidad que nos
humaniza y enaltece, brilla por encima de triunfos y fracasos
porque es independiente de ellos, ya que se basta a sí misma
allende de la belleza, la utilidad y el interés. Es esta fortaleza
y generosidad de carácter la que hemos de cultivar para de-
sertar las tierras yermas que nos destruyen y nos inmovili-
zan. Ojalá nos sirviera como ejemplo la famosa anécdota del
profesor Isaac Barrow, teólogo y matemático sobresaliente
del siglo XVII. Durante años fue catedrático eminente en la
Universidad de Cambridge, hasta que decidió presentar la
renuncia de su cátedra. Cuando el rector, sorprendido, inda-
gó la causa, pensando que quería un sueldo mayor, Barrow
le respondió que dimitía con una sola condición. «¿Cuál?»
«Que mi alumno Isaac Newton me sustituya. He descubierto
que sabe más matemáticas que yo.»

19

Sentido del humor

«La pasión de la risa provino de una visión instantánea de nuestra excentricidad y de nuestra grandeza. ¿Qué es la risa sino la presentación de nuestro espíritu ante nuestra propia crítica, comparándonos con las debilidades y absurdos de otros hombres?»

THOMAS HOBBES

El sentido del humor aparece como una actitud derivada del conocimiento y la aceptación de uno mismo; nos protege frente a lo que nos deshumaniza y atormenta, la jovialidad nos aleja de las tristezas e injusticias, y nos ayuda a superarlas. Reír transforma la química del cerebro y fortalece el sistema inmunológico. Sólo podemos lograrlo si jugamos con nuestro propio ego y sus pretensiones, si nos tomamos en broma nuestros artificios, poses o personalidades asumidas, si nos desligamos de nuestra seriedad y desarrollamos un sentido del autorridículo. Implica situarse plenamente en el presente, ampliando el nivel de percepción del mundo, la capacidad de descubrir los contrastes, los sinsentidos. Requiere espontaneidad, creatividad y un gran sentido de libertad. Conlleva una actitud abierta hacia la vida, un modo de estar en el mundo en el que podemos percibir las situaciones desde una visión panorámica. Supone poseer capacidad de asombro, ganas de transgredir y aceptar la propia sombra, llegando a la conclusión de que lo esencial es disfrutar de lo que se hace o se piensa. La participación de los otros no es esencial, pues el humor va dirigido principalmente hacia la propia persona y se toman prestadas las circunstancias como objeto. En la comicidad, por el contrario, se busca el reconocimiento y la risa del otro, por lo que se tiene que recurrir al chiste y la exageración para deformar la realidad.

El humor está presente en la paradoja, en la imaginación, en la lucidez y la observación aguda. Se consigue con una mirada positiva ante cualquier situación —por fatídica que parezca— y se muestra más asociado a lo poético que a lo racional. Como escribió Oscar Wilde: «La vida es demasiado importante como para tomársela en serio».

Por supuesto, no conviene caer en los extremos. Existen personas que se refugian en la burla, el sarcasmo y la ridiculización constante de los que les rodean como medio de autoprotección. Los frívolos resultan insípidos y molestos, y con frecuencia no se preocupan por evitar herir a otros con sus gracias. Para que el humor sea saludable tiene que ser respetuoso, y ha de permitirnos contemplar la realidad con cierto grado de crítica. Lo ideal es reírse con los demás y no de ellos, y que los demás se rían con uno y no de uno. Cuando somos capaces de reírnos ante los contratiempos, dejamos de sentir lástima de nosotros mismos, encarando el porvenir con mayor alegría y esperanza.

El sentido del humor nos ayuda a crear ambientes más relajados y favorables para la toma de decisiones y la resolución de conflictos; y nos protege contra el estrés. Nos induce asimismo a considerar una interpretación distinta de lo que está ocurriendo, por eso la religión y la política tienden a excluir el humor, ya que lo consideran un arma incendiaria y peligrosa. De hecho, cuanto más dogmática y menos libre es una sociedad, menos sentido del humor hay en ella.

La falta de humor parece derivarse de la importancia excesiva que nos conferimos, de una actitud inflexible y excesivamente circunspecta. Este comportamiento áspero e intratable denota la acritud a la que puede llevarnos la soberbia. Sin embargo, el sentido del humor parece originarse en un regocijo que todo lo penetra, en un talante abierto que se ha despegado de la solemnidad impuesta de considerar todo demasiado en serio.

Un sentido del humor suficientemente agudo como para mostrar los absurdos propios y ajenos es un elemento primordial en las relaciones interpersonales, pues ayuda a crear vínculos no hostiles y una atmósfera saludable de intimidad y camaradería. Es desde luego un modo extraordinario para enfrentarse a una vida dominada por los temores y los sufrimientos de la mente.

La persona con sentido del humor se siente estimulada a abandonar su forma habitual de considerar el mundo, adoptando una manera amplia de miras que incluye lo hilarante, y se apresura a cuestionar lo obvio, consciente de la relatividad de todas las cosas. Conservarlo supone una afirmación de dignidad, una declaración de superioridad del ser humano sobre lo que acontece y lo que se escapa de su control; y también un esfuerzo por evitar el extremo trágico y cómico, oscilando entre los dos, intentando ofrecer una respuesta ante una situación conflictiva, buscando sentido allí donde es difícil encontrarlo, danzando entre los límites, pero sin llegar a tocarlos, dirigiéndose a lo significativo, mas también a lo nimio, buscando errores, prejuicios y nulidades para distanciarse de las tempestades vitales con una sonrisa comprensiva.

No sabría resumirlo con palabras más apropiadas que las del filósofo André Comte-Sponville: «Se puede bromear acerca de todo: el fracaso, la muerte, la guerra, el amor, la enfermedad, la tortura. Lo importante es que la risa agregue algo de alegría, algo de dulzura o de ligereza a la miseria del mundo, y no más odio, sufrimiento o desprecio. Se puede bromear con todo, pero no de cualquier manera. Un chiste judío nunca será humorístico en boca de un antisemita. La ironía hiere, el humor cura. La ironía puede matar, el humor ayuda a vivir. La ironía quiere dominar, el humor libera. La ironía es despiadada, el humor es misericordioso. La ironía es humillante, el humor es humilde».

20

Paciencia

«La clave para todo es la paciencia. Obtienes la gallina incubando el huevo, no golpeándolo.»

ARNOLD H. GLASGOW

Hay personas que son incapaces de sobrellevar con paciencia los pequeños contratiempos, por otro lado inevitables. Se enfurecen por nimiedades como perder el autobús, se encolerizan cuando tardan en servirles la comida, se desesperan si el ordenador tiene problemas técnicos... Con la energía que estas personas malgastan en reveses baladíes, podrían construir grandes obras. Por supuesto, hay que intentar remediar las complicaciones que a uno le asedian cada día, pero invertir tanta emoción en ellas —preocupación, irritación, impaciencia— además de no servir para solucionar los problemas, perjudican a la persona al sentirse invadida por la zozobra y la angustia.

Los obstáculos forman parte del camino llamado vida, y sin unas dosis de calma no podemos enfrentarnos con las circunstancias más desagradables ni con las sorpresas que nos esperan en la siguiente curva.

La propia sociedad de consumo evidencia la incompatibilidad de la paciencia con la actividad frenética. Los mensajes insistentes de la publicidad, nuestro ritmo vertiginoso y la cultura de lo inmediato en la que nos movemos parecen empujarnos a una carrera desaforada persiguiendo la cura milagrosa, los diez pasos para hacerse rico en un mes, el título de MBA en un tiempo inverosímil, la casa de nuestros sueños al año de empezar a trabajar, adelgazar siete kilos en una semana... Detengámonos a reflexionar: ¿Se pueden conseguir los objetivos de un día para otro? La aceleración no es buena consejera, los arreglos rápidos no existen y las metas que valen la pena requieren tiempo y esfuerzo. En verdad este tipo de milagros sólo existen en el marketing que pretende vender humo.

Es indudable que nuestro umbral de frustración es cada vez menor. Si no conseguimos lo que nos proponemos rápidamente, nuestro interés se deteriora y abandonamos la tarea descorazonados. Somos como abejas coquetas y eternamente insatisfechas: probamos la amapola, pero enseguida pasamos a la margarita, y de ahí al jazmín sin dilación. Cuando la ruta se endurece, poniéndose cuesta arriba, preferimos abandonar antes que apretar los dientes y subir despacio, porque para ello tenemos que sacar nuestro coraje, sortear trabas, transpirar y armarnos de tesón para conseguir llegar a la cima.

Nuestra paciencia se pone a prueba a cada paso que damos, y en general tenemos poca capacidad de aguante. No podemos soportar esperar a que nos toque el turno, nos estresamos cuando nos encontramos en un atasco, nuestra mente divaga cuando un amigo intenta que le dediquemos atención, mandamos a nuestro hijo a entretenerse con los juguetes una vez que nos ha hecho más de tres preguntas seguidas; nos alteramos cuando nos anuncian que nuestro vuelo se retrasa dos horas. ¿Cómo vamos a pretender alcanzar la felicidad si la más mínima inconveniencia nos desestabiliza? Ni somos robots ni el mundo en el que nos movemos es una máquina estructurada y perfecta diseñada a nuestro agrado. Además, si los resultados se ajustaran a nuestras pretensiones en todo momento y lográramos conseguir nuestros objetivos nada más proponérnoslo, no habría lección alguna que aprender, y esta tierra estaría llena (más de lo que ya lo está) de tiranía, egoísmo y cacofonías.

La paciencia es crucial. Sin ella no hay disciplina ni acción justa, y resulta imposible tener éxito en nuestras aspiraciones. Sin ella la convivencia con los demás resulta un suplicio. Sin ella no hay tolerancia ni respeto por lo diferente.

21

Perdón

«Vengarse de una ofensa es ponerse al nivel de los enemigos; perdonársela es hacerse superior a ellos.»

FRANÇOIS DE LA ROCHEFOUCAULD

El rencor es un veneno que, de tomarlo regularmente, termina intoxicándonos a largo plazo. Solemos pensar que al perdonar ofrecemos un regalo al otro sin merecerlo, olvidando
que los únicos beneficiados somos nosotros. El resentimiento nos encadena al pasado, y cuando guardamos rencor por
alguien que nos hirió (o así lo creemos), estamos transfirien-
do a esa persona un poder sobre nosotros que no solicitó.

Para perdonar resulta esencial examinar nuestros recuerdos con misericordia y comprender que esas situaciones dolorosas pretéritas, si bien desagradables, nos permitieron aprender lecciones sustanciales. Vivir el presente y entender que el
tiempo no retrocede es una regla de oro para liberarnos y disfrutar de cada momento que nos entrega la vida. Debemos
razonar que aunque podamos pensar que nos equivocamos
entonces —desde nuestra perspectiva actual— o incluso que
cambiaríamos lo que hicimos si pudiéramos, lo cierto es

que es imposible modificar lo acaecido, y además nos comportamos como mejor sabíamos entonces, ¿para qué atormentarnos con ello de nuevo? Con tanto futuro por delante, debemos absolvernos de lo sucedido para aprovechar lo que nos queda por experimentar. Las decisiones tomadas que consideramos poco acertadas ahora han de alejarse del concepto plúmbeo de fracaso para acercarse a las prometedoras lecciones vitales. Si nos quedamos suspendidos ante las puertas que se cerraron, no podremos abrir ninguna nueva.

Perdonar no es olvidar como si apareciese una amnesia súbita, ni es lo mismo que justificar o excusar, y tampoco implica una reconciliación, pues para ello es condición necesaria que las dos personas que se respetan mutuamente lleguen a un acuerdo tácito. El perdón es la respuesta moral de una persona a la injusticia que considera se ha cometido contra ella. Perdonar no borra el mal hecho, no exime responsabilidades por parte del ofensor, ni niega el derecho a hacer justicia a la persona que ha sido herida. Resulta complicado cuando las heridas aún están sangrando, si bien no hacerlo arrastra resentimiento, amargura, frustración y un desánimo profundo. Nuestros recursos emocionales quedan minados cuando nos abrazamos a ese sentimiento que pretende venganza, pues sólo se puede matar el mal combatiéndolo con el virus del bien.

El perdón es el arma más poderosa que existe. Cuando hemos perdonado un noventa y nueve por ciento, si todavía nos queda ese uno por ciento por el que guardamos rencor, soportamos una aversión que nos servirá para analizar en qué aspectos permanecemos aún atascados, pues aquello que no hemos solucionado continúa regresando una y otra vez. Por ello hay que ser consciente de que no le hacemos un favor a nadie perdonándole, nos lo hacemos a nosotros mismos. Como escribió el teólogo Lewis B. Smedes: «Perdonar significa liberar a un prisionero y descubrir que ese prisionero eras tú».

Es obvio que perdonar es complicado, y para algunos, especialmente dificultoso incluso hacer las paces consigo mismo. Se sienten afligidos por no poder condonar sus propios fracasos, alimentan sus errores dándoles vueltas sin tregua porque se empeñan en mantener abiertas sus propias heridas. Son cargas que se obligan a acarrear, arrastrándolas penosamente dondequiera que vayan. La falta de perdón genera abatimiento, y suele producirse por aferrarse al orgullo. Un engreimiento sutil y destructivo que carcome el interior de la morada personal como las termitas consumen la madera, destruyéndola paulatinamente.

Pedir perdón significa tener que disculparse. Al hacerlo, queda implícito tácitamente el arrepentimiento por el daño infligido al otro, aun cuando éste no se haya producido intencionadamente. Lo ideal es intentar enmendarse en el futuro, y a ser posible, tratar además de reparar el perjuicio causado y retractarse de lo dicho o hecho.

Pedir perdón con sinceridad supone haberse detenido a recapacitar sobre los sentimientos de la otra persona. Al reflexionar sobre las emociones del otro y nuestro comportamiento, poniéndonos en su lugar, desarrollamos la capacidad de la empatía. Cuando nos arrepentimos de nuestra conducta, tomamos la firme decisión de corregirnos; procurando modificar nuestra actuación en la próxima ocasión, antes de que se nos escape de las manos y tengamos que pasar por el infierno de nuestra propia vergüenza y descontrol.

Vivimos en una sociedad de raíces judeo-cristianas, donde las sombras del pecado y el castigo aún están bien presentes, dominan el inconsciente colectivo y reemplazan la armonía y el equilibrio; y como consecuencia de las historias tóxicas que nos han inculcado, tendemos a aceptar estas premisas sin cuestionamiento alguno. Según estos modelos admitidos, resulta natural que aquel que ha errado pague por sus deslices sin posibilidad alguna de remisión, y el que ha dañado no se desprenda jamás del perjuicio que se le ocasionó. Pero ¿adónde nos ha llevado esta actitud tan estrecha de miras?

El insigne fraile dominico Henri Lacordaire dijo: «¿Quieres ser feliz un instante? Véngate. ¿Quieres ser feliz toda la vida? Perdona». Perdonar nos libera, nos ennoblece, nos fortalece y nos permite respirar la brisa de la concordia.

22

Optimismo

«El optimista ve la rosa y no sus espinas; el pesimista mira las espinas, sin percibir la rosa.»

KAHLIL GIBRAN

¿Quién no se ha topado alguna vez con compañeros que llegan a la oficina con una sonrisa aunque sea lunes y haga un día de perros? ¿O con el panadero que nos saluda jovial mientras nos tiende la barra de pan? ¿O el vecino que siempre parece estar de buen humor sin que adivinemos muy bien por qué? Los optimistas suelen emplear enfoques sanos cuando se enfrentan a un problema. En otras palabras, lo hacen de manera activa en vez de permitir que un simple contratiempo se convierta en un huracán que trastoque toda su vida. Tienden a confiar en que encontrarán una solución y suelen adoptar una visión positiva ante cualquier situación.

Cuántas veces he escuchado: «Claro que tú puedes permitirte ser optimista, pero si tuvieras los problemas y responsabilidades que tengo yo, sería otra historia». El optimismo es fundamentalmente una cuestión de actitud. En todas las culturas existen proverbios que nos recuerdan que el vaso se puede ver medio lleno o medio vacío. El poeta americano Walt Whitman escribía: «No veo ni una sola imperfección en todo el Universo». ¿Cuántas ves tú?

A cada momento podemos encontrar poderosas razones para ver la vida teñida de rosa, y seguro que otras muchas para percibirla totalmente gris. Sólo depende de nosotros y de la elección que tomemos. Bismarck decía que la vida es como estar en el dentista, uno piensa que lo peor está por llegar y, sin embargo, ya ha pasado.

Con frecuencia las dificultades que padecen nuestros semejantes pueden repercutir en nosotros, desanimándonos. A menudo nos encontramos saboteando nuestro destino al adoptar las actitudes negativas de otros. Cuando estamos con un amigo abatido, con un hermano que sufre o un colega que pasa por grandes apuros, es esencial intentar no dejarse contagiar por su aparente mala suerte. Hay que recordar que lo que nos perjudica no es el acontecimiento en sí, ya que las razones que provocan opresión y desasosiego a una persona, otra lo encara como una oportunidad. Al observar esto, comprobaremos que lo que nos daña son las respuestas adoptadas sin someterlas a juicio crítico; así la emoción incontrolada nos invade, y las reacciones nos sacuden irremediablemente.

No manifestaremos cariño alguno hacia las personas que nos importan por el hecho de compartir sus sentimientos negativos; de hecho, les haremos un flaco favor. Al igual que no puedes hacerte lo suficientemente pobre para volver a otro rico, ni enfermarte lo bastante para sanar al prójimo, tampoco vamos a amparar a nadie hundiéndonos en su desplome. Emplearemos mejor nuestras fuerzas manteniendo la serenidad, evitando caer en reacciones melodramáticas, abatimiento y preocupación excesiva que nos empujarían a un pozo sin fondo. La mejor manera de ser útiles y prestar apoyo es manteniendo un talante positivo y templado.

Napoleon Hill escribía en el siglo pasado: «Sin duda, la mayor debilidad de todos los seres humanos es el hábito de dejar sus mentes abiertas y susceptibles a la influencia negativa de otra gente». Este rasgo es muy perjudicial porque la mayoría no reconoce estar perturbado por ello, y aquellos que se percatan, renuncian a corregirlo, permitiendo que se convierta en una parte incontrolable de su vida, de tal modo que su timón se encuentra a menudo dirigido por las corrientes exteriores del momento.

Permíteme, estimado lector, que te haga unas preguntas que quizá puedan ayudarte a reflexionar sobre tu forma de proceder: ¿Has aprendido a crear un estado mental que te proteja de las influencias desalentadoras? ¿Tu ocupación te inspira fe y esperanza? ¿Tu religión y creencias (o falta de ellas) te asisten a la hora de mantenerte positivo? ¿Piensas que tu obligación es compartir las preocupaciones de otros? ¿Qué puedes percibir de ti mismo al observar la clase de amigos que atraes? ¿Cuál es tu mayor inquietud y por qué la toleras?

Intenta responder de la manera más franca posible y examina tus contestaciones. Esto puede facilitarte información valiosa sobre la clase de actitud predominante en ti. Si consideras que tu enfoque te beneficia, no lo cambies. En caso contrario, intenta transformarlo paulatinamente. Te sentirás mejor y endulzarás la vida cotidiana de aquellos que se cruzan en tu camino.

La gran diferencia entre los optimistas y los pesimistas es que los primeros ven los infortunios como contratiempos temporales, y los segundos los consideran desgracias irreversibles o lacras estampadas en ellos. Los de temple optimista achacan la derrota a agentes externos volubles: las circunstancias, la mala suerte, el destino... Siempre encuentran pruebas convincentes para no hundirse. Cuando se enfrentan con una situación adversa, la perciben como un reto e intentan esforzarse al máximo. Asumen la firme creencia de que los triunfos y los fracasos se encuentran invariablemente bajo su control personal. Cuando el universo se contempla bajo esta perspectiva, nada parece imposible; ninguna situación es lo bastante calamitosa para no poder enmendarla. Aunque sean sorprendidos por alguna dificultad, están dispuestos a levantarse una y otra vez ante cualquier caída con el ánimo de seguir intentándolo, mantienen la firme creencia de que hay una solución para todo, y la buscan. Para este tipo de personas, la derrota supone un mero revés pasajero en la carrera hacia la inevitable victoria. Como dijo Alejandro Magno: «He fracasado muchas veces, pero mis fracasos se alzarán por encima del éxito de mis enemigos». De hecho, las personas positivas ni siquiera contemplan el concepto de fracaso como tal, simplemente lo consideran como una información valiosa para no volver a repetir un determinado comportamiento y seguir intentándolo con mayor ahínco, aprovechándolo como un paso ineludible y valioso para poder avanzar. El escritor Giovanni Papini afirmaba: «Todo hombre paga su grandeza con muchas pequeñeces, su victoria con muchas derrotas, su riqueza con múltiples quiebras».

En los últimos años, diversos estudios científicos en diferentes países han descubierto que ciertos rasgos de personalidad, y en particular el optimismo, pueden contribuir a gozar de mayor fortaleza vital. Uno de ellos, llevado a cabo en la Universidad de Harvard a lo largo de treinta y cinco años, mostró cómo aquellas personas que eran capaces de mirar duros acontecimientos pasados con optimismo disfrutaban a la larga de mucha mejor salud que los que lo hacían de una manera pesimista, e incluso registraron un 19% de mayor longevidad. Miles de testimonios han evidenciado cómo los estados emocionales positivos —desde la risa a las ganas de vivir— contribuyen a mantener y recuperar la energía, incluso en casos extremos de enfermedades graves. Y es que existen modelos de pensamiento tóxicos y perniciosos, de igual modo que hay alimentos que lo son.

El pensamiento positivo tiene un inmenso poder reparador, mientras que su antítesis, la ausencia de esperanza, deriva fácilmente en depresión. Las situaciones adversas pueden parecernos catástrofes irreversibles o simplemente coyunturas complicadas pero transformables en función de cómo las tomemos. Si lo hacemos como perdedores, como víctimas, caeremos fácilmente en la costumbre de ver el vaso medio vacío. ¿Cómo percibimos nuestro lugar en el mundo? ¿Nos vemos como alguien que merece lo mejor o alguien desencantado? ¿Interpretamos lo que nos sucede en términos de *siempre* y *nunca*, o como *algunas veces* o *últimamente*, considerando que los sucesos desafortunados sólo son circunstancias transitorias?

Los pesimistas piensan que las causas de sus desórdenes son irremisibles y se adhieren a esta visión de manera contumaz e irrevocable, por lo que no realizan esfuerzo alguno por subsanarlo. Por si fuera poco, los pesimistas son propensos al abatimiento, suelen no destacar en el ámbito profesional aunque dispongan de grandes capacidades, su forma física se deteriora con mayor facilidad y, habitualmente, extienden desdicha y atormentan a los que tienen al lado. Cualquiera de nosotros cuenta con motivos suficientes para inquietarse o entristecerse, mas tomar la decisión de hacerlo es una prerrogativa de mentalidades débiles y volubles. ¡Atormentarse a propósito es una habilidad que requiere entrenamiento!

Las vivencias desagradables tienden a amarrarnos, pues nos condicionan y atemorizan. Si nos empeñamos en ver el lado negativo, tamizamos los momentos venturosos, percibiéndolos con desconfianza. Y es que a muchas personas les produce vértigo liberarse de sus grilletes, de la esclavitud que suponen los rituales, manías y rutinas que se imponen para conseguir una apariencia de seguridad.

El psicólogo Paul Watzlawick brinda en su libro *El arte de amargarse la vida* una excelente oportunidad para reflexionar sobre los procedimientos por los que una persona voluntariamente va construyendo y consolidando una vida desdichada. El autor, conocedor de la naturaleza contradictoria y paradójica del ser humano, en lugar de facilitar consejos para alcanzar la felicidad prefiere divulgar fórmulas para conseguir vivir anclados en la desgracia. Plantea excelentes recomendaciones en tono irónico —con el fin de despertar la autocrítica—, tales como:

- Créate problemas, y si no tienes bastante con los tuyos asume como propios los de los demás.
- Piensa que siempre tienes la razón. Todo es blanco o negro, y sólo existe una verdad absoluta: la tuya. Si la idea o propuesta no es cien por cien tuya, deséchala, seguro que no merece la pena.
- Vive obsesionado. Elige un acontecimiento suficientemente negativo de tu memoria, conviértelo en recuer-

do imborrable. Lámete las heridas del pasado no sea que vayan a curar.

- El presente no merece la pena, piensa siempre en el futuro y sublima el pasado. Aplaza el disfrute de los placeres de este momento porque no puedes saber lo que te deparará el futuro, y recuerda el pasado triste como una época bella y perdida.
- Jamás te perdones. Llegarás a un punto en el que tan sólo sentirás autocompasión.

Es indudable que aplicando estas premisas lograremos crear los suficientes pensamientos negativos necesarios para conseguir obstaculizar la consecución de objetivos, y generaremos tantas emociones perniciosas que podremos contaminar nuestro cuerpo y espíritu. Si persistimos, podemos llegar a pensar que la vida carece de sentido y no merece la pena ser vivida. Desamparados ante los vaivenes de la fortuna podemos asegurarnos una amargura permanente y, en consecuencia, un destino desastroso. Con nuestra colaboración, la realidad se irá deteriorando en función de nuestros filtros de atención y de la construcción de nuestras ideas sombrías. Sólo situándonos ante el espejo y mirándonos en profundidad podremos observar lo ridículo y exagerado de algunas de nuestras quejas y las situaciones que dejamos que nos amarguen, sin motivos auténticos que lo justifiquen. ¿Cuántas veces permitimos que un insignificante granito de arena se convierta en una pesada losa, impidiéndonos ser objetivos, cerrando todas las salidas al entendimiento y la comprensión? Sólo tomando conciencia de los procesos y mecanismos a través de los cuales podemos convertir lo cotidiano en insoportable y lo trivial en desmesurado estamos en posición de crear nuestra propia felicidad. En caso contrario, nos veremos abocados a una irremediable desazón de la que no podrá redimirnos nadie.

La interrogación que surge a menudo es: ¿Están los pesimistas condenados a serlo siempre? ¿Es el optimismo una capacidad susceptible de ser aprendida? ¿Son los hábitos mentales permanentes?

Desde Freud hasta hace bien poco, la psicología no se interesó demasiado por la forma de pensar del individuo, y sus acciones se consideraban producto del entorno, sobre las que se tenía poca influencia. Sólo a partir de los años sesenta las teorías empezaron a orientarse hacia la influencia del contexto en las expectativas, preferencias, decisiones, opciones, control y desesperanza individual. Actualmente, la idea de que el pesimismo no es un rasgo irreversible del carácter está cada vez más aceptada. Las depresiones son tratadas con fármacos y terapia cognitiva. Los antidepresivos actúan como activadores químicos que empujan al paciente a salir de la depresión temporalmente, aunque no consiguen lograr que la persona considere el mundo un lugar acogedor, y crean, por otro lado, una dependencia continua de los medicamentos para su mejora. El problema aparece al suspender el tratamiento, ya que el malestar mental no se desvanece, dado que la visión pesimista de las personas afectadas no ha experimentado transformación alguna. Sin embargo, la terapia cognitiva está encaminada a atacar la raíz del problema: el talante derrotista.

Hay varias maneras de lidiar con las obsesiones pesimistas una vez que te sientes atrapado por ellas. Una consiste en distraer la mente cuando te asaltan, y la fundamental radica en disputarlas. Al combatirlas, se posibilita que los beneficios perduren, ya que esos pensamientos negativos tienden a ser menos recurrentes cuando se vuelve a presentar la ocasión. Otra opción consiste en convencerse de que las creencias propias son irreales, sabiendo que no son hechos objetivos que acaecen ahí fuera, sino construcciones mentales que nos hemos creado, y que por lo tanto, también podemos modificar. Lo fundamental es ser capaces de desactivar los hábitos destructivos gracias a la habilidad de generar alternativas mentales ante cualquier situación. Cuando nos sentimos bajos de moral, ansiosos o enfadados, es importante advertir las respuestas automáticas que establecemos y la clase de discurso interior que estamos manteniendo. Lo cual no nos impide intentar encontrar una salida ante las dificultades, si la resolución está en nuestro poder. Por lo general, nuestras creencias negativas no son más que distorsiones que hemos de cuestionar y desafiar. De no hacerlo, son ellas las que dirigirán nuestra voluntad.

Hoy se sabe que el ser humano tiene alrededor de sesenta mil pensamientos diarios, los cuales son muy similares de un día para otro. Lo que persigue la terapia cognitiva es cambiar esa inercia recalcitrante, y por consiguiente nuestro debate interno. Este estilo se construye a través de las diferentes etapas evolutivas, siendo especialmente determinantes las primeras experiencias, las relaciones personales que se potencian en la niñez. A partir de entonces la forma de pensar que hemos establecido aparece automáticamente, sin ser discutida, aunque nuestros pensamientos maquinales e involuntarios nos perjudiquen. Esta terapia está encaminada a que el paciente aprenda a reconocerlos y registrar las propias creencias, ensayando nuevas orientaciones para afrontar situaciones, examinando sus ideas —cuestionándolas con la finalidad de transformar los mecanismos del raciocinio—, poniendo en práctica el consejo del monje vietnamita Tich Nhat Hanh: «La gente se asienta demasiado en el pesimismo, en lo que va mal. ¿Por qué no intentar ver lo positivo, para así tocar las cosas y hacerlas florecer?»

Nos movemos en una sociedad en tremendo desajuste. En el colegio se nos inculca que el éxito se consigue gracias a una combinación de talento, afán y trabajo duro; y en el terreno profesional se refuerza esta idea sin cesar. Por lo que si el fracaso llega, se concluye que es debido a una falta de cualquiera de estos ingredientes. El caso es que ésta es una visión si no distorsionada, al menos incompleta. Cuando se fracasa, puede ser debido a la huella del pesimismo en el funcionamiento mental. El premio no lo ganan los que están dotados de mayores aptitudes, sino los que poseen ciertas capacidades y además son optimistas. Como el escritor Leonard Louis Levinson apunta: «Un pesimista sólo ve el lado oscuro de las nubes, y se desanima. Un filósofo ve ambos lados y se encoge de hombros. Un optimista ni siquiera ve las nubes… camina sobre ellas». Es ese positivismo vital el encargado en ocasiones de realizar auténticos milagros.

La esperanza es fundamental. Nos suministra un sentimiento de dirección en nuestro viaje por la vida, es la estrella que nos muestra hacia dónde debemos dirigirnos. La gente que tiene esperanza es capaz de enfrentarse a las desgracias —de las que es imposible librarse— con mayor aplomo y serenidad. El optimismo es la fe que nos lleva al logro; no se puede hacer nada de relevancia sin esperanza y determinación. Es el combustible que echa a arder la llama del éxito, el que ayuda a concluir grandes empresas, el que conduce hacia metas que parecen inalcanzables desde la distancia. El gran Michelangelo decía: «El mayor peligro no es tener expectativas demasiado altas y que no se cumplan, sino tenerlas demasiado bajas y que se cumplan». En ocasiones hay que hacer oídos sordos a aquellos que (a veces con buenas intenciones y casi siempre «por nuestro propio bien») tratan de disuadirnos de convertir nuestras pasiones en realidades.

Siempre hay un buen número de razones para no llevar a cabo nuestros proyectos, nuestras ilusiones. Si permitimos que la desmoralización ante el desafío nos invada, sólo podremos transitar por la ruta de lo malo conocido; jamás podremos probar las mieles de la superación, el júbilo del crecimiento, la satisfacción de la confianza en uno mismo. La esperanza no es una fantasía vana, sino el único trampolín para convertir nuestros sueños en realidades.

El optimismo constituye un acicate imprescindible para la construcción de esos sueños. Aquellos que nos empujan a seguir sendas desconocidas nos estimulan y nos hacen superarnos. Sin ellos caminamos como autómatas, llevando una vida desprovista de poesía y alegría. Los grandes soñadores como Martin Luther King o Nelson Mandela nos muestran que debemos creer en nuestras visiones de juventud, o al menos mantener esa imaginación y positivismo de entonces, cuando la palabra imposible no existía en nuestro vocabulario. Hemos de poner nuestros talentos, brío y ánimo al servicio de nuestros ideales. Para ello hay que mantener la convicción y la fe de que aquello a lo que aspiramos es perfectamente realizable a pesar de las críticas, los obstáculos y las contrariedades que puedan aparecer. Nuestra confianza ha de ser infinita, y nuestro optimismo a prueba de bomba. Sólo así podremos convertirnos en los arquitectos de nuestras ambiciones, y en última instancia, de nuestra propia felicidad.

23

Meditación

«Con la soledad aparece el silencio;
y con el silencio aparece la calma mental.»

CHÖKYI NYGMA RINPOCHE

¿Con qué frecuencia te tomas una media hora para no hacer absolutamente nada, sólo para encontrarte contigo mismo en soledad y silencio? ¿Has probado a intentarlo? Poder permanecer en calma resulta una prueba fehaciente del grado de libertad que tienes. Tendemos a medir la libertad en función de los derechos de los que disfrutamos y del hecho de que nadie nos impida actuar como deseamos. Ésta es una parte, la otra la constituye la libertad interior. Si al realizar el ejercicio de permanecer en silencio y bucear en tu interior experimentas desasosiego, agitación o incomodidad, sería conveniente reflexionar sobre si eres tan libre como piensas. ¿Experimentas algún tipo de deseo irrefrenable: comer, beber, fumar, drogas, sexo, entretenimiento? ¿Buscas el mando de la televisión para calmar tu angustia anónima a la primera de cambio? ¿Envidias a gente que ni siquiera conoces? ¿Eres incapaz de frenar acciones que sabes que son perjudiciales? ¿Hablas a espaldas de los demás? Es imposible que seamos libres si nos encontramos supeditados a una mente descontrolada semejante a un mono que no para de saltar de una rama a otra sin que pueda ser aplacado. Es en este sentido donde la meditación resulta un instrumento de indudable valor.

¿En qué consiste realmente esta disciplina? Ésta es una pregunta que he escuchado infinidad de veces. Para muchos occidentales representa un concepto extraño que tiene que ver con los orientales y sus prácticas religiosas. Si bien es cierto que el interés por la meditación no cesa de crecer, pues la posibilidad de aquietarse con alguna técnica sencilla hace que algunas personas tiranizadas por el estrés vean en ello un brillo esperanzador.

Para intentar responder a la pregunta formulada, podríamos afirmar que es una práctica encaminada a experimentar claridad en la mente, calmándola de la permanente confusión que la agita, mediante la relajación del cuerpo y la atención concentrada. Esconde además la decidida voluntad de desentrañar tanto lo que parece evidente como aquello que nos pasa inadvertido y se nos escapa, pudiendo contribuir a depurar lo accesorio hasta alcanzar el centro de lo esencial. Conseguida una innegable estabilidad, podemos alcanzar una visión más profunda que nos permita aprehender la verdadera naturaleza de la realidad mediante la experiencia, y no la racionalización. Todo esto sin pasar por la depuradora de nuestras ideas preconcebidas, consiguiendo simplificar la vida, dejando que se evapore la eterna disputa entre nuestros pensamientos y nuestras sensaciones.

A simple vista podría parecer que esta técnica milenaria que cuenta con un número creciente de practicantes también en Occidente preconiza la pasividad. Esto sería una suposición desacertada y errónea. Lo cierto es que en la vida diaria acostumbramos a utilizar el pensamiento instrumental que nos separa de la realidad y los sentimientos, en vez de centrarnos en el momento actual. La oposición aparente sólo es una mala elucidación de un estado que en verdad se abre profundamente a lo existente, independientemente de nuestras elucubraciones mentales. Se trata del cultivo de la comprensión verdadera que nos prepara a la acción justa, no a una fabulación proveniente de nuestra fantasía. Nos ayuda a percibir incluso las limitaciones de nuestro entendimiento. Para conseguirlo hay que desarrollar la suficiente calma mental que nos permita rescatarnos a nosotros mismos de los instantes en los que nos quedamos enganchados en los consabidos anzuelos, de tal modo que podamos pararnos a recapacitar y conocernos mejor, y así proporcionarnos la oportunidad de cambiar y crecer.

Con demasiada frecuencia nos comportamos como simples marionetas de respuesta, reaccionando a los estímulos, a los premios, a los castigos, a las urgencias, al dolor y a los miedos, a las solicitudes de otros, a las superficialidades. Supone un esfuerzo específico y consciente —sobre todo al principio— tornar la atención hacia los valores intrínsecos, buscando una cierta soledad quizás en la naturaleza o escuchando música para poder ejercitarse en la interiorización, hasta que estas estrategias empiecen a ser espontáneas con el tiempo. El silencio nos lleva a la pausa, y en ella habita el alma, con el fin de poder disfrutar de lo que el escritor Edgar Allan Poe afirmaba: «Muchas veces he pensado que podía oír perfectamente el sonido de las tinieblas deslizándose por el horizonte». Pero esto sólo es posible si nos paramos a escuchar.

Contrariamente a lo que solemos asumir, el estado normal de la mente es el caos. Sin una entidad exterior que reclame nuestra atención, somos incapaces de focalizar nuestros pensamientos. En verdad lo relativamente sencillo es concentrarse cuando la atención está estructurada por estímulos exteriores como pueden ser la proyección de una película, la lectura de un libro apasionante o conducir en un atasco. Como siempre estamos involucrados en algún tipo de distracción, rara vez percibimos el poco control que ejercemos sobre nuestra mente. Los hábitos canalizan la energía tan bien que los pensamientos parecen seguirse los unos a los otros sin dificultad: vivimos como autómatas diariamente, y las actividades se enlazan de manera maquinal. Sin embargo, cuando nos encontramos solos, sin que nada demande nuestra atención, el desorden básico de la mente se hace patente. A no ser que hayamos cultivado un cierto examen de nuestros pensamientos mediante una determinada preparación, nos veremos atraídos con persistencia hacia lo más problemático en nuestra vida: nos enfocaremos en algún malestar, incomodidad o contrariedad potencial, regresaremos a recientes rencores o reveses pretéritos. Nunca faltarán preocupaciones que esperan inmiscuirse al menor descuido.

Esta es la razón por la cual la gente busca evadirse y llenar desesperadamente su cabeza con todo tipo de información y entretenimiento. Cualquier cosa que les solace y les haga olvidar la confusión interna, los sentimientos negativos, y domine su atención para no cavilar sobre los problemas personales. Como resultado es fácil caer presa de la manipulación de los demagogos y permanecer cautivos de los medios de comunicación, apaciguados por los que amenizan, explotados por aquel que tenga algo que vender. Sin independizarse del exterior nos resultará imposible ganar poder alguno sobre la propia experiencia vital. Motivo por el cual la meditación supone una herramienta de inconmensurable valor para la libertad.

Como ejemplo me gustaría recordar la historia de Mohandas Gandhi, quien en 1930 buscaba una manera apropiada y eficaz de expresar el malestar de la población frente a los impuestos desorbitados que el Gobierno británico había cargado sobre la sal, especialmente porque los más pobres salían gravemente perjudicados. Sus partisanos le pedían una respuesta ¿Qué hacer? Él, incapaz de vislumbrar una salida en medio del caos, decide regresar a casa y pasar más de un mes en retiro espiritual, tras el cual concibe su plan, célebre con el paso del tiempo, de recoger la sal marina con las manos. Parte a pie con sus seguidores en una marcha solemne hasta el mar en signo de desobediencia civil. Este simple acto recibiría el apoyo de millones de indios, y empezaría a romper la armadura del yugo colonial en la India. Frente a las decisiones difíciles, ésta fue la manera de encararlas de Gandhi, retirándose a meditar y reflexionar en silencio.

Para meditar necesitamos la soledad del cuerpo y de la mente. Es decir, debemos colocarnos a una distancia de nuestras actividades cotidianas, en algún lugar donde no seamos molestados, donde podamos protegernos de las distracciones, dejando de lado ocupaciones diarias y preocupaciones mundanas. Aquí hay que hacer hincapié sobre el hecho de que contar con un espacio retirado no es la única condición. Si la mente no se aquieta, el lugar carece de importancia. Por eso se requiere sobre todo aislamiento mental: ausencia de ruido interno y fricción. Sin desterrar las vanas consideraciones sobre nuestras actividades, inquietándonos por apegos, expectativas o miedos, la mente permanecerá ocupada continuamente, sin posibilidad alguna de abstracción ni concentración.

Estamos tan obsesionados con producir que nos hemos olvidado de tomar el tiempo para ser. Por eso la meditación nos es de inestimable ayuda para relajarnos y permanecer primordialmente en el presente sin tratar de escabullirse. Las técnicas de aproximación a la meditación varían desde las que se basan en observar la respiración, en visualizar algún pensamiento positivo o imagen inspiradora, o bien focalizarse en algún objeto o imagen, a aquellas que no requieren objeto alguno, diluyendo la tensión mental. Durante la práctica pueden dejarse fluir libremente las imágenes mentales, sean claras o confusas, como cuando se está a punto de conciliar el sueño. También se pueden dejar brotar las sensaciones, emociones e impulsos, sin intervenir en ellos y sin dejarse llevar o enredar, de modo que al final mostrarán una tendencia a reordenarse por sí solos; aunque existen métodos de reflexión y técnicas de concentración para ser manejadas por la conciencia.

Lo ideal es permitir que nuestra mente se pose suavemente, limitándonos a ser, de una manera relajada, sin concentración ni distracción alguna y sin aburrimiento, perfectamente complacidos aquí y ahora. Es mediante esta búsqueda del conocimiento profundo que oculta la superficie que podemos adentrarnos en un océano infinito de sabiduría, mas sólo mediante la disciplina silenciosa de quien está dispuesto a afrontar el reto de escuchar la realidad desnuda y no el eco de sí mismo. Lo que está demostrado es que cuando esto se logra podemos acceder a diferentes niveles de conciencia y descubrir hallazgos prodigiosos, caracterizados por la alegría, la dicha y la satisfacción absoluta; y aún más allá, la expansión de la percepción personal limitada por nuestro organismo, pudiendo sumergirnos en la paz, serenidad y ecuanimidad que se funde con todo lo creado.

Quizás el secreto no sea tanto evitar todo tipo de idea o reflexión que surja y pretender alcanzar la concentración de una forma rígida, sino más bien contemplar los pensamientos que van surgiendo como si de nubes se tratara; parecen muy reales, pero si intentamos tocarlos, evidenciamos su transparencia. Si les permitimos aflorar sin rechazarlos ni apremiarlos, sin perpetuar la cadena que enlaza un pensamiento a otro, entonces se desvanecerán por sí solos, pues no les proporcionamos la energía que pretenden. Igual que un vehículo sin gasolina sólo puede recorrer una mínima distancia y cuesta abajo, lo mismo sucede con nuestros pensamientos. Únicamente cuando las nubes se han despejado, podemos regocijarnos en la plenitud de un cielo azul inmaculado, extenso y absoluto, reflejo de la pureza que anida en nosotros. Como Krishnamurti observaba, el florecimiento del amor es la meditación.

Es preciso no desesperarnos ante nuestra incapacidad de sentarnos durante más de veinte minutos seguidos cuando los quehaceres e inquietudes diarios nos asedian. No hay que exasperarse por ello. Como con los caballos salvajes, lleva tiempo y práctica adiestrar nuestros pensamientos. Es una cuestión de entrenamiento, disciplina y perseverancia. Lo mismo que para obtener un título universitario hemos de seguir una formación a lo largo de años, estudiando sin descanso y con regularidad, para conseguir algún progreso en este camino también se debe continuar el recorrido con afán y energía, y persistir para poder conseguir mayores beneficios.

Es normal que al principio la mente esté alocada y agitada. La idea de poder controlar lo que nos pasa por la cabeza puede parecer descabellada, tan difícil como atrapar con las manos una serpiente que está retorciéndose. Cuando tratas de estabilizarla, empieza a revolverse en todas las direcciones. Pero lo esencial es insistir una y otra vez, por cortos periodos de tiempo al principio, hasta ir consiguiendo una cierta quietud. Sólo a través de la disciplina mental se consigue la emancipación.

Por lo general no acostumbramos a prestar atención al estado de nuestro intelecto. De hecho, apenas reparamos en los pensamientos que albergamos. Es por ello que cuando nos sentamos tranquilamente a meditar tenemos la sensación de que nos invaden de manera caótica y acelerada. Se trata de una impresión; en realidad sólo en esos momentos de calma reconocemos cuán agitada está siempre nuestra mente. Muchos de nuestros problemas emanan de este anárquico estado interno, semejante al agua de una cascada que cae sin cesar. No obstante, si proseguimos con la meditación, poco a poco iremos aprendiendo a focalizarnos y a sosegarnos más fácilmente, para que ese torrente de agua se convierta en un simple goteo.

Todo esto está muy bien, dirán algunos, pero ¿para qué sirve la meditación?

Los resultados y beneficios más importantes que se han observado en las personas que llevan a cabo esta práctica son la disminución de la ansiedad, el dolor crónico, la fatiga y el estrés, el aumento de la inteligencia emocional, un mayor control sobre emociones perniciosas como la ira y la depresión, y un incremento de la paz interior. Los últimos estudios han demostrado que con la práctica se llega a alterar el patrón de las ondas cerebrales, incrementando la actividad en la parte del cerebro donde se activan los sentimientos relacionados con la dicha, y también se ha observado en las personas practicantes mejoras considerables en el sistema inmunológico. Además, si al examinarnos comprobamos que nos irritamos menos, que va disminuyendo nuestra arrogancia, desapareciendo la envidia y nos aferramos menos a lo material, es señal inequívoca de que nos está sirviendo para progresar.

Uno de los obstáculos más comunes que nos solemos encontrar es lo que los tibetanos llaman «pereza al estilo occidental». Llenamos nuestro tiempo y espacio de quehaceres diversos que nos parecen importantísimos, y que sin embargo a poco que reflexionemos, comprobamos que son insignificantes. Nuestros días acumulan tal cantidad de actividades que a veces tenemos la sensación de que incluyendo una sola tarea más, nuestra vida explotará y nosotros con ella. Con asiduidad no tenemos interés en comunicarnos con nuestros amigos, ni siquiera dedicar algo de tiempo para intercambiar unas cuantas frases con ellos. Cuando llegamos por la noche a casa después de la dura jornada laboral apenas nos quedan fuerzas para cenar y ver la televisión, por lo que charlar con nuestra pareja o jugar un rato con nuestros hijos (si todavía están despiertos) resultan tareas ímprobas debido a nuestra saturación y escasez de energía para dedicársela. El pedaleo continúa irremediablemente como si fuéramos hámsteres que dan vueltas y más vueltas en su rueda, cada vez más rápido, sin ir a ningún sitio.

¿Hacia dónde nos dirigimos? ¿Nos lo preguntamos alguna vez? ¿Por qué tenemos esta obsesión por la actividad incesante? Creo que una de las razones radica en nuestro temor al silencio, a encontrarnos con nosotros mismos, a llevar a cabo momentos de introspección... porque esto nos puede presentar grandes inconvenientes. Uno sería percatarnos de que estamos como dicen los anglosajones, *running on empty*, lo cual significa algo así como «corriendo hacia ninguna parte», y que nuestras vidas están dotadas de poco sentido. Lo cual nos conduciría a la muy peligrosa tarea de deber replantearnos cuestiones delicadas del tipo: ¿Por qué hago lo que hago? ¿Hacia dónde me dirijo? ¿Qué sentido tiene mi existencia? ¿Soy feliz? Preguntas todas ellas muy incómodas porque pueden implicar cambios y transformaciones de fondo con las que de ningún modo nos queremos enfrentar. Mejor seguir engañándonos. Al fin y al cabo, si observamos a nuestro alrededor, todo el mundo lleva una vida parecida a la nuestra. Con todo, la propuesta alternativa consiste en pararnos a recapacitar, aunque sólo sea durante un rato. Si de verdad nos encontramos satisfechos con nuestra vida y somos felices, sigamos como estamos. En caso contrario, merece la pena tratar de salir de nuestro oscuro túnel para comprobar que el camino no es tan estrecho ni tan sombrío como creemos, y que está en nuestras manos ampliarlo e iluminarlo. Como dice la escritora italiana Susana Tamaro: «La comprensión exige el silencio». Para ello hay que librarse de los ruidos de fondo que empleamos para distraer nuestra ansiedad y tapizar la soledad, como hacemos al recurrir a la televisión, la charla incesante o a una compañía frívola.

Todos nos situamos ante cruces de caminos diferentes y retos diversos, por lo que no existe una única salida convincente. Cada persona ha de dar con la suya propia, y de igual modo que existe una medicina adecuada para cada malestar, hay que conocer las dolencias para aplicar el remedio ideal. Es ahí donde la meditación representa un papel crucial. Sin aquietar nuestra rebelde mente es improbable que podamos salir del círculo restringido en el que nos sentimos atrapados. Es el primer paso para recorrer mil millas o cien, eso dependerá del objetivo que nos hayamos marcado.

Además de permitir disminuir nuestras emociones negativas, otro de los beneficios de la meditación es que nos ayuda a ser más compasivos. Al trabajar nuestras emociones tóxicas, tomamos mayor conciencia de los problemas de los otros, ya que en cierto modo dejamos de sentirnos el centro del mundo. Las personas que han practicado la meditación durante largo tiempo son más alegres y la convivencia con ellas es más fácil. Por lo que la señal irrefutable de nuestro progreso es comprobar si la más mínima provocación nos produce irritación. El mejor síntoma de nuestro avance será observar si cualquier obstáculo u ofensa consigue sacarnos de nuestras casillas o no.

Los budistas insisten siempre en «trabajar para el bien de todos los seres vivos», y consideran la meditación como un medio para expandir los beneficios conseguidos hacia todos. Es una idea sumamente interesante, aunque el enfoque debe comenzar en los que están más cerca, porque generar pensamientos compasivos por la humanidad entera y continuar enojándonos con algunos miembros de nuestra familia, detestar a ese vecino pesado, no dirigir la palabra al colega que nos fastidia, y cabrearnos por el más mínimo desacuerdo… es una prueba fehaciente de que esos sentimientos generados no son genuinos. La meta es que no exista diferencia entre la vida y la meditación diaria, que los principios que aprendemos a practicar sobre un cojín puedan ser aplicados en cada instante para que el entrenamiento nos sea fructífero, permitiéndonos actuar bajo condiciones complicadas. Como escribe Shechen Rabjam: «Trata de ser como el jinete experto que mantiene el equilibrio sin pensarlo siquiera cuando el caballo galopa a toda velocidad, incluso saltando por encima de los obstáculos».

Independientemente de la religión que uno profese o de la falta de creencias espirituales, la meditación puede resultar una herramienta útil, pues gracias a ella aprendemos a ver la realidad inefable en su desnudez, sin el filtro de nuestros conceptos obtusos y sin el barniz de nuestras proyecciones. Para ello resulta imprescindible tomarse un tiempo para serenarse. Los pensamientos discursivos son como perros salvajes que necesitan ser domesticados. Más que golpearlos o tirarles piedras, hemos de amaestrarlos con benignidad y paciencia.

Con frecuencia nos sentimos desvinculados de nuestras experiencias y sentimientos. Somos conducidos por la mente, el pensamiento, las expectativas, el miedo, las prisas por llegar a algún lugar. El resultado es que como siempre deseamos estar en otro espacio, nunca disfrutamos del lugar donde nos encontramos, de algún modo no estamos ubicados en este preciso instante. Es una tarea harto fatigosa hacer frente a las presiones y apuros que surgen si la mente no está centrada en el presente. En situaciones de estrés o amenazas, nuestras reacciones suelen ser inconscientes y casi siempre involuntarias. Resulta complicado acceder a los niveles más profundos de sabiduría procedentes de una visión diáfana cuando estamos contagiados por la nube de contaminación que suele empañar nuestro entendimiento. Asimismo, esto le puede ocurrir a nuestro cuerpo. Estamos tan poco sensibilizados con él a nivel profundo, que sólo nos percatamos de nuestras sensaciones cuando hemos superado nuestros límites o, en muchos casos, al descubrir una enfermedad avanzada.

Lo que se consigue con la meditación es pasar de la reacción a la acción como requerimiento para alcanzar calma y estabilidad mental. Al tomar conciencia de la agitación que nos trastorna, es posible contactar con el estado sereno que habita en el interior. Sucede como con las olas, siempre en movimiento en la superficie, pero si nos sumergimos hasta el fondo, el mar está permanentemente en calma. Con entrenamiento podremos mantener un estado interno apaciguado y objetivo, tanto si acontece un suceso esperado como imprevisto, algo agradable o fastidioso.

Tomarse unos minutos para relajarse y centrarse supone un cambio en nuestro estilo de vida. Muchas tradiciones orientales lo consideran indispensable para aumentar la sabiduría, avanzar hacia la plenitud y reducir la fragmentación. El continuo zarandeo y confusión en los que nos movemos, y la vorágine en la que estamos sumidos parece impedírnoslo; algunos piensan que va incluso contra natura que uno pierda el tiempo sin hacer nada, sólo para ser, pues carecemos de serenidad y equilibrio interno. Cuando vemos la televisión, ¿nos aburre el programa? Lo cambiamos una y otra vez sin pausa. ¿Nos cansamos de nuestra pareja? La dejamos por otra. ¿Tenemos una hora libre? Nos distraemos con lo más nimio con tal de no sentir el vacío y el silencio. Las actividades se encadenan sin advertir que a lo mejor el problema no proviene de un exterior que jamás nos colma, sino de un tedio vital y un hastío interior que no soportamos y nos negamos a percibir.

Pasamos gran parte del día enfrascados en una interminable charla interior que no cesa jamás y sólo nos aporta ansiedad y estrés, además de impedirnos vivir el hoy, ya que nuestra conciencia deambula de un tema a otro sin tregua. No nos proporcionamos el espacio para que las impresiones y los sentimientos aparezcan con el fin de poder enfrentarnos a ellos de manera sana y valiente. Estamos agobiados y seguimos inventando decenas de ocupaciones, de modo que nos hemos convertido en expertos en el arte de escondernos de nosotros mismos. Debemos tener cuidado para no incurrir en el error que cometieron unas orugas y que un naturalista francés evidenció durante uno de sus experimentos hace unos años. Se dio cuenta de que un grupo de ellas se movía enlazándose en una cadena, una tras otra, por el borde superior de una maceta hasta formar un círculo. El científico pensó que en un momento determinado se cansarían de su marcha inútil y cesarían su paseo en busca de alimento. Sin embargo, la rutina se había afianzado tanto que continuaron su movimiento circular sin parar durante siete días, hasta que murieron de inanición. No es un mal ejemplo para los humanos. El peligro de convertirnos en criaturas de hábitos —producto de unas fuerzas exteriores que nos impelen al movimiento fáctico sin cuestionamiento alguno por nuestra parte— es muy real.

Si prestamos atención, podemos comprobar cómo rara vez percibimos las sensaciones de lo que estamos realizando en cada momento. Cuando comemos quizá prestamos atención a los dos primeros bocados, e irremediablemente nuestra mente divaga o se dirige hacia la televisión. Se puede decir lo mismo de gran parte de nuestras actividades. Caminamos hacia el trabajo en una estupenda mañana de primavera, y en lugar de disfrutar de los templados rayos de sol que acarician nuestro rostro, solemos estar ausentes, llenos de tensión anticipada por una reunión difícil. Físicamente presentes sí, pero sin disfrutar de lo que nos rodea.

La meditación nos permite tomar conciencia de nuestras sensaciones profundas y de nuestro entorno, sin caer en la negligencia del examen interior. Gracias a ella nos concedemos el derecho a sentir, nos percatamos de las molestias y de las reacciones perjudiciales sin que lleguen a convertirse en rasgos de carácter crónico.

La meditación es un ejercicio para la mente. Del mismo modo que los atletas se entrenan asiduamente para superar sus marcas utilizando entrenamientos específicos y así mejorar las cualidades físicas, los ejercicios meditativos ayudan a desarrollar las cualidades mentales positivas.

Meditación es una palabra que se utiliza coloquialmente en Occidente, y puede llevar a varios malentendidos: uno de ellos es pensar que es tan sólo un tipo de relajación. Otro consiste en asemejarla a un estado de trance. A veces se piensa que la meditación es un agradable viaje lejos de la realidad o incluso se toma por una forma de autohipnosis. Como hemos dicho, la realidad es mucho más sencilla: está orientada a calmar la mente de las turbulencias usuales y focalizar el sentido de la conciencia, fomentando las emociones positivas y expandiendo nuestra perspectiva.

Nuestro nivel de conciencia habitual puede compararse con una linterna defectuosa que produce una luz difusa al tener las pilas gastadas, la cual no nos sirve para alumbrar en la oscuridad. De algún modo, la meditación concentra la luz y recarga las pilas, de tal manera que podamos ver claramente. Además, ayuda a reordenar la mente y calmar la ansiedad, y mejora la comprensión de objetivos y motivaciones. En definitiva, contribuye a equilibrar el carácter.

Es obvio que la meditación es algo que, aunque importante, no es apremiante. Es como lavarse los dientes: nada terrible acontecerá si dejamos de hacerlo una noche. Pero de no lavarlos regularmente, se deterioran y terminan por dañarse. De hecho, nos lo han enseñado desde pequeños, se ha convertido en una costumbre, y nos sentimos bien con los dientes limpios. De igual modo, la práctica ha de convertirse en una costumbre, en una rutina diaria. Los beneficios son inmensos: claridad mental, armonía interior, concentración, flexibilidad, aceptación, confianza y un largo etcétera.

Si fuéramos más conscientes de la relación entre los pensamientos y las emociones y conductas, la meditación surgiría como la práctica regular a ejercitar para encontrar la armonía, reservándonos así un espacio para ponernos en contacto con el verdadero yo al margen de máscaras, roles o los acomodaticios disfraces de la vida diaria.

Respecto a las emociones, cada vez disponemos de menos vocabulario para expresarlas. Con demasiada frecuencia ignoramos nuestras sensaciones, sin saber cómo definirlas. La meditación nos permite concedernos el tiempo y el espacio para reconocer nuestros estados de ánimo y aprender a manejarlos. De ese modo, no tendremos la necesidad de huir del presente porque comprenderemos cómo enfrentarnos a él. Nos podemos responsabilizar de lo que sentimos, nos permitimos sentir las emociones sin juzgarlas, reprimirlas o actuar sobre ellas. Utilizar la mente como un espejo que refleja pero no retiene nos posibilita captar lo que hay en cada momento; sin aferrarnos a nada, relacionándonos con lo que surge de manera única y transparente.

Todos requerimos tiempo para renovarnos y reflexionar. Para el desarrollo personal es necesario el encuentro con uno mismo, y también examinar lo que estamos haciendo y cómo, recapacitar sobre lo que nos resulta más adecuado, contemplar hacia dónde queremos dirigirnos. También debemos contemplar nuestras debilidades y fortalezas, y disponer de ocasiones para despertar nuestra imaginación, soñar y ser creativos. Éstas son partes de nuestra personalidad que relegamos, pues estando tan inmersos en la cotidianidad nos olvidamos de lo esencial.

Nuestras emociones cambian continuamente en función de los altibajos en los que estamos sumidos. Si bien, quienes practican la meditación parecen ir desarrollando paulatinamente un *locus* interno que les torna más ecuánimes y menos vulnerables a los agentes externos, ya que el estado de ánimo va centrándose más en la realidad interna y se ve menos supeditado a las presiones y corrientes periféricas.

Existen cada vez más lugares en los que se apuesta por la práctica meditativa. En algunos hospitales de Massachusetts (Estados Unidos), se está utilizando la meditación de la atención plena (es decir, la observación atenta e imparcial de los pensamientos y sentimientos que van presentándose cada instante sin dejarse arrastrar por ellos), y se ha comprobado que ayuda a los pacientes a aquietarse, aliviando el dolor físico, la angustia y sus síntomas. También se ha experimentado con trabajadores de diversas empresas: se les ha enseñado a meditar y a realizar esta práctica durante tres horas a la semana. Tras lo cual, se ha verificado que disminuyen los niveles de estrés, mejora la respuesta inmunitaria, y se sienten más optimistas.

El número de personas que se ejercita en esta actividad sigue aumentando, extendiéndose a áreas de trabajo, salud o a la esfera privada. Como se ha estado describiendo a lo largo de este capítulo, los beneficios pueden ser considerables. El siguiente paso es dejar de planteárselo y llevarlo a cabo para evidenciar sus efectos por uno mismo. Hoy en día es fácil encontrar centros de confianza donde se enseña paso a paso la práctica meditativa, por lo que es sólo una cuestión de voluntad y ganas. Mucha gente suele decir: «Yo no tengo tiempo para meditar ni para realizar ningún tipo de tarea psicológica; estoy demasiado ocupado con otros asuntos y realmente no entra en mis prioridades». Ésta es desde luego una decisión libre, pero si tenemos en cuenta que una personalidad dividida y enfrentada a sí misma, sumida en la huida hacia delante como respuesta ante las frustraciones, no podrá jamás alcanzar eficiencia y armonía, ¿qué sentido tiene negarse a intentar algo que puede aportarnos tantos frutos?

24

Paz interior

«Entra en ti mismo y encuentra la paz... Bienaventurado
tu espíritu si sufriendo guerra no se siente ya turbado y
no rompe su silencio. Un eterno silencio, que ya no de-
seará más nada de aquí fuera, y sabrá reposar eternamente allá dentro...»

MONJE CISTERCIENSE DEL SIGLO XII

Los estoicos afirmaban que el signo de la vida superior es la
serenidad, y el progreso moral procede de la liberación de
la confusión interior. Lo penoso es que solemos estar en lucha siempre: nos enfadamos por nuestros errores, estamos
resentidos por las debilidades de los demás, nos resistimos a
hacer realidad nuestras aspiraciones más elevadas, nos fastidia que las cosas no nos salgan como pretendemos, cuando
queremos. Anhelamos progresar en todas las áreas de la
vida, a pesar del precio a pagar. Pensamos: «He de trabajar
duro para disponer de un buen puesto y ser reconocido», «si
no me enfrento a mi esposa terminará por imponer sus deseos». Creamos todo tipo de combates alimentando la agresividad. Imaginamos que existe una coalición en nuestra

contra dispuesta a hacernos rodar en cuanto estemos des-
prevenidos. Imaginamos que hemos de permanecer con el
rifle cargado para protegernos de posibles e inesperados ataques. Vivimos en estado de alerta permanente. Los conflictos indisolubles agotan nuestros recursos. ¿Cómo va a ser
posible disfrutar de serenidad alguna en dichas circunstancias?

¿De qué nos sirve tener dinero si las preocupaciones,
miedos, sospechas y deseos desenfrenados nos impiden relajarnos? Sin desarrollar nuestra paz interior resulta imposible
encontrar persona, acción u objeto alguno que nos pueda
colmar, ya que cualquier acontecimiento nos causa descon-
cierto y nos saca de quicio. Reaccionamos ante los estímulos
negando nuestra responsabilidad, somos presa de las circunstancias en las que nos vemos envueltos, y nos sentimos
desbordados por las propias emociones, en lugar de ser dueños de nosotros mismos y de nuestras acciones. Nos queja-
mos de lo que nos acontece y desearíamos que nuestra vida
se acomodara más a nuestros —siempre cambiantes— anhelos. Cualquier pequeña piedrecilla en nuestro zapato nos incomoda hasta tal punto que nos atenaza y nos llega a ator-
mentar. Añoramos la quietud interior y, sin embargo, nos
alteramos con extrema facilidad; buscamos la calma, mas
nos sentimos barcos a la deriva, a merced de los vientos que
soplan en cualquier dirección. Si aparece una nota discor-
dante en la melodía, somos incapaces de apreciar la canción
y nos enojamos con el músico que cometió el error y hasta
con el instrumento que desafinó.

Si pudiéramos responder a las dificultades con una mente pacífica, no nos sentiríamos amenazados por los problemas, sino que los consideraríamos como oportunidades para
progresar en nuestro desarrollo personal. Las complicacio-

nes sólo aparecen cuando no sabemos responder de manera
constructiva ante las contrariedades, cuando permitimos a
la mente reaccionar de forma compulsiva. Es nuestra constante tendencia a juzgar y a resistirse a la realidad la que nos
provoca conflictos, drama y dolor. Ya señalaba Marco Aure-
lio: «Acuérdate en el futuro, cada vez que algo te contriste,
de recurrir a esta máxima: que la adversidad no es una desgracia, antes bien, el sufrirla con grandeza de ánimo es una
dicha». Hemos de tomar cada hecho que acontece como una
ocasión para engrandecernos; puesto que toda situación representa un capullo que puede convertirse en una bella flor
o en una planta venenosa.

Cuando empezamos a trabajar sobre nuestro desarrollo
personal, vamos ampliando la perspectiva del horizonte interno. Esto nos ayuda a restablecer proporciones verdaderas, a comprender la relativa insignificancia de tantos hechos por los que a diario nos dejamos abrumar y nos hacen
enfurecer.

Intentar conseguir estar en paz no es un lujo espiritual
sino una necesidad para impedir ser arrastrados por corrientes colectivas de agitación, pánico o violencia. También es
un deber respecto a los demás. Quien es capaz de alcanzar la
paz interior, la irradia a su alrededor, independientemente
de lo que esté sucediendo fuera. La paz social sólo se alcanza
mediante individuos equilibrados.

El viaje completo a la armonía interna significa superar
también los baches de la envidia, los desvíos de la impaciencia, las calles sin salida de la terquedad y los puentes helados
de la rigidez. Para ello debemos viajar. Mas el viaje hacia la
quietud no se realiza en un vehículo estacionado. Hay que

implicarse. Hay que desear desempolvar el espejo, quitar los velos y observar de frente nuestras exigencias instintivas, nuestros amores y odios fundamentales. Hay que alumbrarlos sin temor para conseguir dispersar por fin la enfermiza niebla de sentimentalismo que ha ocultado al hombre su propio conocimiento. Como decía en el capítulo anterior, la meditación resulta un instrumento ideal para conseguirlo y aspirar a la serenidad, ya que esta práctica nos ayuda a estabilizar una mente que la mayor parte del tiempo se asemeja al agua hirviendo: agitada, llena de burbujas. Lo ideal es observar su verdadera naturaleza y sosegar los pensamientos desbocados, porque la única manera de ver el fondo de un lago es cesando de removerlo.

Cuando creamos calma en nuestro interior, comprobamos que ni la presencia ni la ausencia de personas, lugares, condiciones, objetos o circunstancias pueden penetrar en nuestro estado mental ni constituir la causa de nuestra experiencia esencial. De ese modo no permitimos que las expectativas entorpezcan nuestro camino, encontrando esperanza en los momentos más oscuros, conservando nuestra libertad interior, sin juzgar al universo, reaccionando de manera constructiva ante las dificultades. Así podemos lograr que la música se emancipe del intérprete, porque la melodía continuará resonando indeleblemente en nuestro ser. El médico y poeta Oliver Wendell Holmes escribía en el siglo XIX: «Lo que está delante de nosotros y lo que está detrás es poco importante comparado con lo que reside en nuestro interior».

Aquel que está en armonía sabe que es inútil malgastar su energía psíquica en dudas, remordimientos, culpa, ansiedad o miedos. La congruencia interna genera la fuerza y la entereza que admiramos en ese tipo de personas que parecen haber hecho las paces consigo mismas. Quienes alcanzan este estado sienten plena satisfacción. Su conciencia se encuentra tan calmada que no temen acontecimientos inesperados, ni siquiera la muerte. Cada instante está dotado de sentido, y todos ellos merecen la pena ser vividos.

La clave para conquistar el mundo exterior —y alcanzar alguna forma de sabiduría— radica en comprender nuestro mundo interior. A mucha gente le falta la valentía de comprometerse en un viaje tan personal como ése, es lo que los psicólogos llaman «la defensa maníaca»; lo cual consiste en huir del descubrimiento de uno mismo, sin que esta evasión pueda interrumpirse nunca. Se engañan pensando que pueden escapar de sí mismos, y temen que si alguna vez se detienen en su interminable carrera, se toparán con la vacuidad que llena sus vidas. De ahí procede, aunque sea inconscientemente, su movimiento eterno, fruto de un miedo obtuso a encontrarse cara a cara con quienes son en esencia, con los fallos y errores, con las miserias y sueños incumplidos, con las trampas en las que han sucumbido, con los pesos con los que cargan, con la insatisfacción profunda. En este caso parece que resulta más conveniente acallar las voces antes de que griten demasiado alto. Sin embargo, es una estratagema desacertada. Nada desaparece simplemente porque lo escondamos debajo de la alfombra. Que no lo percibamos no significa que no esté presente. Lo está de una manera más sutil y mucho más insidiosa, ya que al no entrar limpiamente, su perjuicio es más traicionero y pertinaz. Lo peor es que sin saber cuál es el problema real, ¿cómo vamos a poder solucionarlo?

Los propósitos constructivos y el desarrollo interior no se establecen sin disciplina ni estando sumidos en una noria de distracciones, ya que los pensamientos se dirigen así al placer inmediato, y no al logro distante y duradero. Cada vez requerimos un mayor número de entretenimientos y estímulos externos para conmovernos. Nos disociamos de este modo de los ritmos de la naturaleza y de nuestras propias sensaciones, buscando continuamente estímulos que nos puedan satisfacer. La paz interior no se puede lograr si ciframos nuestros requisitos en superficialidades que consideramos imprescindibles, ni en pretender que el mundo se pliegue a nuestras pretensiones para poder concedernos el regalo de la tranquilidad; salimos del Jardín del Edén en el principio de los tiempos y ya no podemos regresar. Para poder disfrutar de ella simplemente debemos penetrar en nuestro espíritu, pues se halla profundamente anclada en nosotros. Por desgracia, tan recubierta con innumerables capas de ansiedad, frustraciones y engaños que olvidamos que reposa latente en el interior. El diamante está enterrado en nuestro propio jardín; sólo hemos de retirar la tierra y el estiércol para permitirlo brillar.

25

Fluir

«Estírate en lo alto, pues las estrellas están escondidas en tu alma. Sueña profundo, pues cada sueño precede a la meta.»

PAMELA VAULL STARR

Debemos la aparición del concepto «Flow» (fluir) al profesor de psicología de la Universidad de Chicago Mihaly Csikszentmihalyi, quien se dedicó durante años al estudio de lo que se llama *experiencia óptima*. Este concepto hace referencia a las ocasiones durante las cuales las personas sienten que controlan sus acciones, son dueñas de su propio destino, mientras se hallan absorbidas en la actividad que están realizando, de tal manera, que la distinción entre ellos y la tarea que ejecutan en ese instante prácticamente desaparece sin que adviertan el paso del tiempo, abstraídas en un sentimiento de regocijo y profundo placer, y hasta una cierta euforia.

Dicho profesor se ha dedicado exhaustivamente a estudiar los momentos en los que el rendimiento fluye de manera natural, cuando las personas se involucran tanto en la actividad que llevan a cabo que el resto carece de interés, pues es deleitosa por sí misma.

Empezó su investigación con profesionales que empleaban su tiempo y dedicación a actividades de su agrado sin buscar gratificaciones convencionales como remuneración o reconocimiento social: artistas, deportistas, músicos, campeones de ajedrez, etc. Más tarde amplió el estudio a individuos de diferentes edades, culturas, y profesiones, y observó muy pocas diferencias. Los resultados obtenidos durante treinta años han demostrado que en este tipo de experiencia subjetiva y profundamente satisfactoria la motivación intrínseca está inevitablemente presente.

Contrariamente a lo que tendemos a creer, esos momentos —los mejores de nuestra vida— no son pasivos, receptivos o relajantes por sí mismos, aunque dichos instantes sean agradables si hemos luchado por alcanzarlos. En realidad, sobrevienen cuando el cuerpo o la mente se expanden mediante el esfuerzo voluntario para sobrepasar sus límites. Para un atleta puede tratarse de superar su propio récord; para un pianista, interpretar con virtuosismo una pieza musical; para un niño, salir de la cuna sin la ayuda del adulto; para un escalador, subir a una cumbre más elevada; para una bailarina, representar de forma singular la armonía. Son vivencias que pueden no ser calificadas necesariamente de placenteras mientras están ocurriendo: las piernas del atleta duelen durante la carrera, el alpinista ha de resistir la falta de oxígeno, la consecución del reto requiere un enorme despliegue de voluntad… No obstante, la compensación es evidente, pues se traducen estados de entusiasmo que se hallan en el equilibrio justo entre las propias habilidades y el desafío, en congruencia con las competencias pero tratando de superar los límites.

Cuando esta experiencia de fluir es descrita, está caracterizada por unos rasgos comunes. Primero, suele presentarse cuando nos enfrentamos a tareas que podemos completar. Segundo, nos hemos de concentrar en lo que estamos haciendo, y esto sólo es posible porque la ocupación emprendida posee metas claras. Tercero, obtenemos un *feedback* inmediato. Cuarto, se actúa con una profunda implicación, de tal manera que las preocupaciones y frustraciones de la vida diaria desaparecen de la mente. Quinto, este tipo de experiencias permiten sentir que se puede ejercer control sobre las propias acciones. Sexto, uno se olvida de sí mismo, y paradójicamente el «yo» emerge más fuerte una vez que ha finalizado. Y, por último, la sensación de tiempo se encuentra alterada; las horas pasan como minutos, y los minutos se alargan como horas. La combinación de todos estos elementos provoca una sensación tan gratificante que mucha gente piensa que merece la pena invertir mucha de su energía en ello sólo por volver a vivirlo. En verdad, reunidas estas condiciones, cualquier actividad individual se vuelve autotélica, es decir, estimulante y válida por sí misma.

En este estado la persona se encuentra completamente absorta en una actividad para su propio disfrute, durante la cual el tiempo vuela y las acciones, pensamientos y movimientos se suceden unos a otros sin pausa. Todo el ser está envuelto en esta ocupación, utilizando sus destrezas y facultades, llevándolas hasta el extremo. Para ello lo ideal es conocer las propias virtudes y talentos, y reconstruir la vida con el fin de ponerlas en práctica y así poder experimentar estas impresiones de enorme deleite.

Cualquier clase de actividad puede producir un estado de fluidez con tal de que se den los elementos relevantes, por lo que resulta factible mejorar la calidad de vida si nos asegura-

mos de que formen parte de la cotidianidad, los objetivos
claros, la retroalimentación inmediata, y las capacidades a la
altura de las oportunidades de acción.

La mayoría de las actividades cotidianas carecen de valor
intrínseco, las hacemos sólo porque estamos obligados a
realizarlas, o porque esperamos algún beneficio futuro de
ellas. Demasiada gente padece de un cierto aburrimiento y
una vaga frustración; de tal modo que la existencia se sucede
como una secuencia de vivencias átonas o estresantes que
parecen situarse fuera de su campo de intervención. Las
experiencias óptimas son muy diferentes, ya que poseen el
potencial de enriquecer la vida, hacerla más intensa y significativa, aumentando la fuerza y la complejidad de la personalidad, caracterizándose por ser un fin en sí mismas. La
propia acción es profundamente provechosa y una recompensa por sí sola, contribuyendo asimismo a cultivar un interés genuino por relacionarse con el mundo, sin el cual la
persona se aislaría. Además, las situaciones en las que se fluye producen cambio y crecimiento interno, las personas se
convierten en seres más complejos como consecuencia. Algo
imposible de lograr con el mero placer, pues al ser una sensación evanescente en la que no se necesita invertir esfuerzo,
el «yo» no experimenta desarrollo alguno, pese a que repita-
mos las experiencias placenteras cientos de veces de manera
mecánica. Como dice la escritora Dulce Chacón, «acostumbrarse es otra forma de morir».

Es importante encontrar tiempo a fin de desarrollar el interés y la curiosidad para disfrutar de la vida por sí misma.
Otro recurso igualmente importante es la capacidad de controlar la energía psíquica. En lugar de esperar un estímulo
externo que atrape nuestra atención, debemos aprender a
centrarla a voluntad. Esta capacidad está relacionada con el

interés por una retroalimentación de ida y vuelta, de refuerzo y de causalidad recíproca.

Sería una equivocación pensar que sólo los deportes, los juegos, el arte o la literatura pueden provocar la experiencia de *fluir*. En realidad se puede lograr en cualquier área, depende de nosotros transformar los detalles rutinarios y los retos para que nuestro caminar se convierta en una única actividad de flujo, con metas unificadas que ofrezcan un propósito constante. Hay que aceptar pues que no existen atajos para llegar a la felicidad; sin inversión no se consiguen beneficios.

26

La muerte

«La muerte no es más que un cambio de misión»

León Tolstói

¿Por qué he considerado la muerte como uno de los pilares de la felicidad? Podría parecer inconsecuente, ¿verdad? Lo cierto es que si permaneciéramos eternamente en la tierra, no tendríamos prisa alguna en buscar la felicidad de inmediato, ya tendríamos tiempo en un futuro interminable. No obstante, a efectos prácticos, sólo disponemos de la vida presente, y nuestro tiempo está contado, por lo que no podemos permitirnos el lujo de desperdiciar ni un instante. Nuestra vida tiene fecha de caducidad aunque la desconozcamos, ¿para qué postergar esa prometida dicha? Cuanto antes comprendamos cómo alcanzarla, antes gozaremos de ella. ¿Qué sentido tendría esperar? Quién sabe, si esperamos mucho acaso se nos haga demasiado tarde.

León Tolstói en su libro *La muerte de Iván Illich* describe la vida de un juez que ejerce en Moscú. Este hombre detesta su trabajo, a su mujer, y todo lo que le ha tocado vivir. Cuando le llega la hora de marcharse al otro mundo, y se encuentra en el lecho de muerte, mira a su mujer a los ojos y le dice: «¿Qué ocurriría si toda mi vida hubiera sido una equivocación?» Si no nos andamos con cuidado podríamos nosotros también vernos en dicha tesitura.

Un conocido mío guarda en el armario una chaqueta a la que le ha descosido los bolsillos para recordarse que la última que llevará puesta no los necesitará, ya que en el viaje postrero nos hemos de marchar con las manos vacías. Vinimos sin nada y sin nada partiremos. Todo lo que tenemos es temporal. ¿Para qué tanto esfuerzo por poseer, acumular, atesorar cuando quedará atrás irremediablemente? Y, sin embargo, vivimos en el espejismo de lo imperecedero, como si todo por lo que nos afanamos se prolongara hasta la eternidad. Nos metemos tanto en el papel que representamos en este teatro llamado Vida, que terminamos por olvidar que somos los actores y que, cuando la función termine y caiga el telón, nos quitaremos el atuendo e intentaremos recuperar nuestra verdadera identidad, preparándonos para la nueva obra.

Tratemos de vivir de tal modo que logremos interpretar la melodía que llevamos dentro y que anhela ser escuchada, evitando que la existencia se limite a un mero soportar los acontecimientos, las cargas y las responsabilidades ineludibles, sino que la inspiración guíe nuestros pasos. La muerte no es un hecho que debamos temer, porque lo realmente intrincado es la vida. Si bien para poder vivir sin angostura hay que dejar de ignorar la muerte, pues sigue interpelando al hombre por más que pretenda esconderla.

Recuerdo cuando asistía a clases de budismo en Dharamsala (India). El lama Gen-la, quien impartía las enseñanzas, nos habló sin cesar de la muerte y la impermanencia durante varios días. Un amigo mío que también acudía con asiduidad, en un momento dado me anunció que desistía; se tomaba un descanso porque le deprimía pensar tanto en la muerte. Su actitud es análoga a la de la mayoría de los occidentales, quienes suelen adoptar un talante pasivo —cuando no de recelo— ante algo que se ha convertido en el tema tabú en nuestra sociedad contemporánea. De hecho, se ha estigmatizado, pues se ha relacionado con lo más sórdido y maldito. No se habla de ello porque se corre el riesgo de ser tildado de pájaro de mal agüero, y sólo cuando el hecho inevitable nos alcanza, a falta de preparación alguna, se reprime el dolor o se aparca ante la incapacidad de hacerle frente, sin encontrar un sentido ante este acontecimiento siempre injusto. ¿Será porque la muerte de otros nos atemoriza y nos hace sentir lo transitorio de nuestro paso por mucho que intentemos olvidarlo? Es una tarea baldía. ¡El único hecho seguro que acontecerá una vez que nacemos es nuestra muerte! Si nunca hemos reflexionado sobre ello, nos puede parecer un tanto morboso, cuando en verdad no es más que una realidad manifiesta. Nos aferramos a las añoranzas del pasado, y la nostalgia de lo que vamos a dejar atrás nos obliga a deambular por las fronteras de la desesperación ante lo inevitable.

Me pregunto si nos escudamos detrás del materialismo feroz —como parte de un acuerdo tácito que persigue el embotamiento mental— con el fin de llenar nuestros días y no tener que enfrentarnos al miedo a la muerte. En Occidente se la ha ido proscribiendo al mismo tiempo que a la vida se la ha sepultado tras el comercio de bienes, cuerpos y almas, pues al progreso sólo le interesa aquello que es métricamente mesurable y de lo que se puede extraer ganancias. Quizás utilicemos esa huida de la realidad como anestesia y olvido, pues el mero pensamiento es en sí mismo causa de angustia, y a la vez el sentimiento de caducidad forma parte irrenunciable del acervo cultural del que no podemos desprendernos. De ahí el papel consolador de las modas consumistas, de esas pautas que dirigen el curso de nuestra vida como si nunca envejeciéramos. La productividad, el calendario de rebajas e incluso la rutina de las vacaciones estivales vienen a ser variables del mismo intento de desahogo. Lo indudable es que la muerte se presenta, y entonces no tenemos más remedio que reconocer nuestro fin en esta tierra. En esos momentos estamos obligados a saborear las hieles del vacío, nos percatamos de las cuentas pendientes y nos gustaría modificar lo que ya se ha solidificado. ¿Hemos de esperar a que llegue ese instante para tomar conciencia?

Nuestra existencia es frágil. Nuestro cuerpo vulnerable, está limitado en su adaptabilidad, expuesto a innumerables riesgos y enfermedades. Por más avanzada que esté la tecnología, nuestro organismo puede desfallecer, y la ciencia médica no es infalible. Juventud, salud, estatus social, fortuna, amistades y fama no representan garantía o protección alguna contra la muerte. Es fundamental asumir esta comprensión y aceptarla. Y hacerlo no debería ser causa de desdicha; al contrario, si no nos enfrentamos a ello, ¿cómo podemos valorar la vida? Parece que sólo somos capaces de apreciar su justo valor cuando su precariedad se hace patente y manifiesta: al enfermar, al perder a alguien cercano, cuando nos vemos involucrados en un accidente…

El lama español Djinpa dice: «La muerte es el velo del misterio de la vida. Por ello, simbólicamente, está presente en todos los ritos de iniciación tradicional. Levantar el velo es levantar el vuelo. La muerte supone un nacimiento». Si no se reconoce el carácter transitorio y trascendental de la vida y la muerte, el planeta se irá insensibilizando hasta hacerse de granito y nosotros nos tornaremos estatuas marmóreas. En este mundo trepidante parece que no hubiera lugar ni tiempo para todo aquello que no se consiga de inmediato, y así a la muerte se la ha maldecido y circunscrito fuera de la ley, inhumándola junto con todo lo que nos lleva a cuestionarnos y lo que hace temblar las bases de nuestra cultura mercantilista, frívola y despiadada.

En ocasiones, las pequeñas tribulaciones diarias nos obnubilan y nos hacen olvidar cuán preciosa es la existencia, malgastándola, preocupándonos por insignificancias. Sólo cuando la muerte llega, esas trivialidades y sinsabores quedan relegados al olvido. Parece como si la principal preocupación del hombre girara en torno a cómo ganarse la vida (aunque la pierda en el intento) y fuera de esto no encontrara asunto alguno con suficiente poder de convocatoria que pudiera generar su interés, ni siquiera cuando está relacionado con un hecho que sobrevendrá ineludiblemente. No puedo estar más de acuerdo con el doctor Jorge Carvajal cuando opina que «no hay muerte más dolorosa que la muerte lenta de la pérdida de sentido».

En las culturas orientales la muerte es un acontecimiento natural y se reflexiona sobre la transitoriedad de lo que nos rodea con regularidad, así como la propia vida. Los tibetanos, con la agudeza que les caracteriza, distinguen dos tipos de pereza que llevan a perder miserablemente el tiempo sin reparar que la muerte acecha. A una la llaman «pereza al estilo indio». En la India es muy común ver a los hombres tumbados en una hamaca bajo un árbol con la radio pegada a la oreja, dormitando durante el día, y despertándose de vez en cuando para pedir *chai* (té). La segunda clase es la «pereza al estilo occidental» que ya nombré. Ésta nos es propia. Urdimos todo tipo de estrategias para permanecer ocupados, buscamos todo tipo de actividades para seguir sumidos en una intensa actividad, aunque nada de lo que hagamos tenga especial relevancia, dejando de lado lo esencial. Lo llevamos a tal extremo, que carecemos del tiempo necesario para compartirlo con los más cercanos o realizarnos personalmente. Hemos perdido el orden de prioridades y actuamos como si la vida fuera eterna, alegando ocupaciones sin fin y postergando lo crucial para cuando tengamos el momento, cuando estemos de vacaciones, cuando nos jubilemos... Siempre para mañana.

Lo cierto es que no hemos asumido que todo lo que tenemos aquí, de algún modo lo hemos tomado prestado. En verdad nada nos pertenece. Disfrutamos de ello durante un tiempo —siempre limitado—, y después vuelve al mundo. No poseemos nada eternamente porque nada dura ni permanece, nuestra presencia aquí es fugaz. La vida, tal y como la concebimos, apenas dura un suspiro. La única realidad es la impermanencia y la transformación. Sin haberlo comprendido profundamente y sin integrarlo en nuestro caminar es imposible vivir con serenidad perdurable, porque siempre habrá algún acontecimiento que nos agitará y contra el cual combatiremos. Para ello hemos de refutar una serie de lugares comunes que nos atrapan en la falsa certeza de creer que escondiendo la cara de la muerte nos veremos a salvo de la misma. El problema de considerarla como el enemigo a vencer es que generamos tal obsesión por aniquilarla y hacerla desaparecer de nuestro horizonte, que eliminamos toda posibilidad de aceptación sincera. De hecho, para la gran mayoría el nacimiento es considerado una virtud y la muerte una pesadilla insoportable. De ese modo, citando de nuevo al lama Djinpa, «la vida enajenada de la muerte conduce directamente a la barbarie, a tomar los medios como fin, y obviar así el sentido y significado verdadero de la misma, impidiéndonos realizar su plenitud».

Nuestra falta de preparación es evidente. Cuando vamos a ir de vacaciones organizamos y preparamos hasta el último detalle: compramos los billetes, planificamos el itinerario, hacemos las maletas, reservamos el hotel… Dedicamos gran cantidad de tiempo y energía sólo para unos días. Sin embargo, nos mostramos totalmente indiferentes hacia nuestra propia muerte. ¿Por qué nos despreocupamos con respecto al viaje más importante que nos espera? Es inevitable que en algún momento abandonemos este cuerpo, y a sabiendas de esta aseveración no recapacitamos sobre ello. ¿Cómo podemos mantener tal ceguera?

La caducidad está continuamente presente a nuestro alrededor. El Partenón y todos los impresionantes edificios de la gloriosa civilización griega en Atenas se han visto reducidos a un decrépito puñado de piedras. Lo único que subsiste es su historia. Las personas también pasan y son relegadas al olvido. Resulta completamente irrelevante si fueron célebres, poderosos, sabios o simplemente anónimos. Todos envejecemos, enfermamos y morimos, signo fehaciente de que nadie puede escapar del ciclo. Los condicionantes a lo largo de nuestra vida nos marcan y a la vez quedan fuera de nuestro alcance: podemos pasar de ser millonarios a arruinarnos de un día para otro. Por mucho que anhelemos mantenernos al abrigo de las veleidades del destino, no hay nada inquebrantable que nos pueda resguardar indefinidamente de los desafíos y las dificultades. Aun así, tendemos a engancharnos a lo efímero en un vano afán de encontrar en ello la felicidad. Seguimos empeñados en atrapar lo que es por ende temporal, pretendiendo momificarlo con la engañosa pretensión de que persista para siempre. Nacemos con fecha de expiración, por mucho que nos pese admitirlo. Sólo reflexionando sobre lo transitorio de la condición humana puede disminuir nuestra fútil obcecación con las cosas mundanas.

Aquellos que no temen la muerte son los que, sin desearla, se sienten satisfechos con su peregrinar por la existencia; sin asuntos pendientes por solventar con sus semejantes, están convencidos de que no han malgastado los años, orgullosos de haber vivido con integridad intentando dar lo mejor de sí mismos, dejando una huella indeleble que no se borrará jamás.

No creo que temamos la muerte en sí misma. Tiendo a pensar que se trata de algo más inquietante y trágico lo que nos asusta. Es más bien el miedo a sentir que nunca se ha vivido con profundidad, que se llega al final de la ruta albergando la incómoda sensación de que nunca estuvimos verdaderamente vivos, que no alcanzamos a comprender para qué es la vida, ni el significado de nuestra presencia aquí. Los que se sienten mejor preparados para morir son aquellos que encontraron precisamente un sentido a su vida: la satisfacción de haber cuidado de otros, la generosidad expansiva, haber sido honestos y leales, desarrollado el corazón y la mente, amado incondicionalmente, controlando los instintos en lugar de haberse dejado conducir por ellos, compartido su saber, los que encontraron la divinidad dentro de la humanidad... Es un aprendizaje personal e intransferible que hay que llevar a cabo, pues nuestro tiempo es limitado. Aunque en la juventud parece situarse en la lejanía, al llegar la madurez se empieza a manifestar con mayor claridad. En cualquier caso, la edad tampoco representa garantía alguna de continuidad. Existen tantos casos de hijos que fallecen antes que los padres, de niños que mueren de cáncer, de jóvenes víctimas de accidentes de tráfico... Lo indudable es que no tenemos certeza alguna de cuándo llegará nuestro momento. Aun así, actuamos con la convicción de que disponemos de un plazo infinito por delante. Total falacia. La muerte puede hacer una súbita aparición en cualquier instante, y sin previo aviso.

Con frecuencia, cuando nos hacemos mayores dejamos de preguntarnos «¿hasta dónde llegaré? ¿Cuánto conseguiré?» para pasar a cuestiones más filosóficas como: «¿Qué he conseguido? ¿Qué diferencia he plasmado a mi paso? ¿Qué dejaré detrás cuando haya partido?» Pero mi pregunta es: ¿hay que esperar a la senectud para sopesar nuestra fragilidad y las consecuencias de nuestras acciones?

Con la reflexión, lo más probable es que lleguemos al convencimiento de que la muerte no debe atemorizarnos. De ordinario, lo que nos amedrenta es la noción que tenemos de ella; nuestra idea de que representa algo terrible. Aquí es donde debemos perseguir con verdadero ahínco la posibilidad de cuestionar nuestros prejuicios más profundos. Si los examinamos y los observamos con objetividad, evidenciaremos si son verdades absolutas, si nos benefician o no. No se debe temer la muerte ni el dolor, sólo el miedo a la muerte y al dolor. Un proverbio sufí dice: «Muere antes de morir y nunca morirás». Esto es lo que ocurre con aquellos que se han topado de bruces con la muerte. Ese tipo de experiencias cambian su percepción, de manera que viven el presente con mayor intensidad y se inquietan menos por las nimiedades que suelen absorber todo nuestro tiempo. Una vez que, se ha sentido el aliento de la muerte en el cuello percibimos cuán preciosa es la vida. Pero ¿necesitamos un accidente serio, una enfermedad grave o una crisis catártica para darnos cuenta de que cada día es único y nuestras vidas temporales?

Si exploramos la historia, comprobamos que durante siglos nuestra cultura judeocristiana estuvo dominada por la obsesión con la muerte y todo lo relacionado con el tema de la salvación y la condenación. Al pasar al secularismo y romper con las raíces cristianas, se menoscabó también la compresión más profunda de la pérdida, el dolor, la maldad y el diálogo en torno a ello. Hemos alcanzado la libertad a costa de la soledad, y nos ha aportado una imagen incómoda y remota —cuando no sórdida y temible— de la muerte. Se ha hecho mucho más difícil enfrentarse a su realidad desnuda. Esto me recuerda a la actitud desconfiada de los victorianos frente a la sexualidad. ¿Qué causaba los escrúpulos victorianos? Seguramente el hecho de que preferían vivir su moral sin esfuerzo, por lo que las pulsaciones de la lujuria resultaban inquietantes y desbordaban sus propios límites. En lugar de luchar contra ellas para controlarlas, preferían negar su existencia y reprimirlas.

Algo análogo ha sucedido con la idea de la muerte en la sociedad laica actual. Nuestra imagen idílica de perfección se conjuga mal con la realidad de desgracias y calamidades que nos encontramos. Se rinde culto a la juventud, la salud, la vitalidad, la belleza artificial como símbolos de una sociedad basada en lo insustancial. La publicidad se encarga de reforzarlo constantemente, incitándonos y seduciéndonos con una quimera al margen de dificultades y retos. La muerte y la pérdida se han convertido en hechos que nos negamos a admitir, y con esa premisa resulta imposible prepararse para lo ineluctable. Además, en un entorno volcado en las ganancias materiales, escatimamos tiempo e interés en todo aquello que no reporte beneficios monetarios, y a ser posible, además inmediatos. Lo que no pueda salir al mercado nos parece poco serio e indigno de nuestra atención. No obstante, sin tornar nuestra mirada hacia el interior cada vez nos hundiremos más en nuestras propias miserias.

De algún modo la ciencia parece haberse convertido en el aliado espiritual ideal de la posición secular que pretende fabricar un mundo perfecto, sin permitir dolor o pérdida alguna, ya que se ofrece a sí misma como instrumento capaz de normalizar cualquier situación, aunque sea extrema; salvarnos del final a toda costa y a cualquier precio, incluso si ello supone sobrevivir como un vegetal. Nos encontramos infectados por esta actitud científica. Creemos firmemente que tenemos la capacidad de colocar todo bajo nuestro férreo control. Por eso cuando llega la muerte nos deja perplejos.

Lo innegable es que ningún avance tecnológico ni científico nos puede librar de ella. Es un espejismo conveniente que nos engatusa y confunde. La vida es corta. El tiempo pasa delante de nosotros para no regresar jamás. Este instante es único e irrepetible. Ignoramos cuánto tiempo nos queda, y jamás podremos adivinarlo. Es inútil seguir postergando los proyectos más preciados, porque el mañana es incierto y bien podría no llegar nunca.

Tomar conciencia sobre la propia muerte es fortalecedor; la idea de su inminencia nos apremia a prepararnos a vivir con sentido, alejándonos de la futilidad reinante, situando en perspectiva las trivialidades que nos atribulan. Al percatarnos de la imposibilidad de erigir muros que nos protejan de ella, lo único con lo que contamos es con el poder de nuestras decisiones. Hemos de responsabilizarnos de nuestros pensamientos, palabras y acciones, y una vez que elegimos, no queda tiempo para lamentos ni recriminaciones. Como dice Carlos Castaneda en boca de su personaje Don Juan: «*Debes hacerte responsable por estar aquí, en este maravilloso mundo, en este maravilloso tiempo... debes aprender a hacer que cada acto cuente, pues vas a estar aquí un rato muy corto, de hecho, muy corto para presenciar todas las maravillas que existen».*

Para crecer hemos de considerar la muerte como una aliada, no como un enemigo. Los niños son los que, con su sencillez, mejor nos pueden enseñar cómo hacerlo. Entre otros signos de su sabiduría inherente nos queda el legado que dejaron muchos de ellos antes de ser llevados a las cámaras de gas en los campos de concentración nazis. Las paredes de las barricadas en las que dormían hacinados estaban repletas de mariposas trazadas con piedras o cualquier clase de material que dejara huella, acaso para advertirnos que sólo se transformaban para volar hacia la siguiente etapa…

PARTE IV
DIRECCIÓN HACIA LA FELICIDAD

> «La felicidad no se halla jamás en el exterior,
> y sólo en alguna rara ocasión, en el interior
> de uno mismo.»
>
> JEAN DUTOURD

¿Por qué hay personas que parecen experimentar *joie de vivre* y otras no? ¿Es algo innato en ellas? ¿Cómo surge la felicidad? ¿Es algo hereditario o depende de nosotros? ¿Se puede sentir de manera estable o hemos de conformarnos con pequeños fulgores en ciertos instantes especiales?

El ser humano ha perseguido siempre la felicidad como finalidad, considerándola como un estado de bienestar ideal e imposible en el que todos los deseos se ven colmados, al abrigo de inconvenientes y tropiezos.

Concretar el concepto de felicidad representa todo un desafío al ser sin duda una de las definiciones más controvertidas y complicadas. El mismo Diccionario de la Real Academia Española de la Lengua se ha visto abocado a realizar enmiendas, puesto que antes la reducía a «estado del ánimo que se complace en la posesión de un bien». Ahora ha rectificado, precisando que se trata de un «estado de grata satisfacción espiritual y física».

Para la mayoría alcanzar la felicidad es una ilusión a la
que han renunciado, resignándose a gozar de pequeños destellos, considerando que su característica principal se asienta
en su fugacidad, al aparecer y desaparecer de forma aleatoria
a lo largo de nuestras vidas. Otros han renunciado a lograrla,
conformándose con un sucedáneo llamado placer, corriendo obsesivamente en pos del mismo como las abejas se afanan en pos del polen sin descanso.

La felicidad es un concepto con profundo significado,
que abarca la alegría, la satisfacción y la serenidad, pero también otras muchas emociones, algunas de las cuales pudieran no ser catalogadas como positivas (compromiso, lucha,
reto, incluso dolor). Algunos estiman que es una motivación, una actividad dirigida hacia una meta concreta, el deseo de conseguirlo todo, una búsqueda constante, una persecución en lugar de un logro en sí mismo.

Otra de las polémicas que este tema suscita aparece con
los medios que se han de emplear para alcanzarla. ¿Se encuentra en acontecimientos exteriores y materiales o en
nuestro interior, en nuestra actitud y talante? John Locke indicaba: «Los hombres olvidan siempre que la felicidad humana es una disposición de la mente y no una condición de
las circunstancias».

Sin duda hay una falta de acuerdo en torno a esta cuestión. Desde el punto de vista psicológico se suele preferir el
estudio del bienestar subjetivo a la felicidad en sí misma. La
economía y la ciencia política optan por focalizarse en la
prosperidad, en la capacidad económica y el acceso a bienes,
dejando de lado otros elementos importantes como las libertades, el deleite, la creatividad, la cultura, etcétera, ya que no

nos podemos aproximar a ellos desde la visión cuantitativa. La complejidad reside en que la dicha es puramente subjetiva, y a pesar de eso, como indicaba Aristóteles, en la jerarquía de los propósitos humanos la *eudaimonia* o felicidad es no sólo el más elevado, sino el que engloba a todos los demás.

Una de las grandes confusiones que surge es creer que placer y dicha son análogos. En realidad el placer conlleva un bienestar efímero, esporádico, acompañado por una euforia desaforada y a la vez evanescente, mientras que la felicidad se asienta sobre una paz duradera. El psicólogo Nico Frijda decía: «Los placeres continuos se desvanecen... El placer está sujeto al cambio y desaparece con su continua satisfacción», quedándonos a expensas del lugar, las condiciones y el objeto de disfrute. Además su propia naturaleza lo hace fugaz y cambiante: lo que resulta placentero en un momento dado puede terminar provocando indiferencia, y a la postre desagrado, y hasta puede convertirse en sufrimiento si se prolonga más allá de lo deseado. Como el pabilo de la vela desaparece al arder, el placer se agota en su mismo disfrute. Sin embargo, la verdadera felicidad es una sensación de plenitud independiente del tiempo, la ubicación o los objetos. Es un estado mental que se desarrolla y se fortalece cuanto más se siente. «Consiste principalmente —como afirmaba Erasmo de Rótterdam— en conformarse con la suerte; querer ser lo que uno es.»

El ejemplo más palpable se contempla en la visión oriental, que entiende la felicidad como un estado de totalidad e integración que impregna cada instante de la existencia y que perdura a través de los azares inevitables que se presentan. A pesar de estar influido por las circunstancias, no está sumido a ellas. Es un estado que nace de un espíritu sano y

sereno, complementado por la generosidad —pues irradia
hacia lo exterior en vez de hacia sí mismo— y por ello se le
llama estado de sabiduría, por encontrarse libre de la garra
de los venenos mentales que nos suelen atacar, e impregna-
do por la intención sincera de extenderse hacia todos sin res-
tricción.

27

¿El dinero compra la felicidad?

> «La Felicidad Nacional Bruta es más importante que el Producto Nacional Bruto.»
>
> JIGME SINGYE WANGCHUK, REY DE BUTÁN

La idea contemporánea de felicidad está íntimamente ligada a la prosperidad material, la opulencia, la riqueza y el consumo masivo, e incluso al despilfarro. De hecho, uno de los rasgos más significativos de nuestra época es proclamar con profusión y entusiasmo el derroche como síntoma de ventura, pero hacerlo con una mirada herida por la tristeza, lo cual supone una incongruencia difícil de encajar. Es más, para la sociedad del bienestar el malestar de los espíritus constituye un anatema.

A nivel individual, cada vez cuesta más afrontar las dificultades. No somos conscientes de las nefastas influencias que nos mantienen maniatados, mas se tiene la sensación de que la vida es cada vez más opresiva, más caótica, más insoportable, precisamente cuando las condiciones materiales se han optimizado; acaso porque las emociones obtenidas en el mercado del alma carecen de valor económico y las experiencias auténticamente valiosas son aquellas que se consiguen desde el corazón.

Lo cierto es que para muchos la felicidad es equivalente a lo que solemos denominar «una buena vida». Es decir, disponer de la situación económica idónea que permita disfrutar de comodidades, toda clase de ocio y acceso a un cierto lujo. Reflejando esta posición, un anuncio de automóviles hace años proclamaba: «Quien dijo que el dinero no compra la felicidad es porque no lo gastaba bien».

Aunque a la pregunta del título de este capítulo poca gente respondería de forma afirmativa, si lo modificáramos ligeramente: «¿Disponer de más de dinero te haría más feliz?», la mayoría contestaría que sí. Asumimos con esto que existe una conexión entre el valor monetario de lo que poseemos y la sensación de sentirse bien. Es lo que Juliet Schor llama «el ciclo de trabajo y gasto». En otras palabras, trabajar más para comprar más, tener más dinero para poder gastar más. ¿Es así como encontramos la dicha?

En la década de 1960 apareció la llamada Paradoja de Easterlin. Es un concepto empleado en la economía de la felicidad que pone en tela de juicio la teoría tradicional económica que afirma que a mayor nivel de ingresos de un individuo, mayor será su nivel de felicidad. Fue un postulado enunciado por el economista Richard Easterlin, quien se encargó de evidenciar —al comparar los resultados en varios países— que el nivel medio de dicha que los sujetos dicen poseer no varía prácticamente, al menos en los países en los que las necesidades básicas están cubiertas para la mayoría de la población. Es decir, la fe de los economistas en el valor absoluto del crecimiento no cesa de disminuir. Esperemos que paulatinamente haga mella en los políticos también.

Recientemente la revista de negocios americana *Forbes*

publicó una comparación académica de la felicidad entre directivos de empresas de alto nivel y personas de la tribu masái de Kenia. El resultado señaló que no había grandes diferencias entre los que ganaban cien millones de dólares al año y los que apenas llegaban a cien dólares anuales.

Hay un cuento de Anthony de Mello que lo ilustra a la perfección:

«Un hombre rico le contaba una vez al Maestro que por más que lo intentara no podía refrenar su deseo compulsivo de ganar dinero.

—¿Ni siquiera a costa de no poder disfrutar de la vida? —preguntó el Maestro.

—Creo que eso tendré que dejarlo para cuando sea viejo…

—Si es que vives lo suficiente —le replicó el Maestro, el cual le contó además lo de aquel atracador que le dijo a su víctima: ¡La bolsa o la vida!

Y el otro le contestó: Quédate con mi vida. La bolsa la guardo para cuando sea viejo.»

¿No nos estamos engañando? ¿La ventura aparece con un sueldo de muchos ceros o procede de amar y sentirte amado, de dedicarte a lo que te apasiona, de estar en paz contigo mismo, de haber dotado a tu vida de sentido? ¿Son los ricos más felices?

Es innegable que disfrutar de una economía saneada ayuda a mejorar el bienestar; para nuestra supervivencia precisamos cosas tan elementales como alimento, cobijo, descanso. No obstante, en los países desarrollados, la relación entre riqueza y sentimiento de bienestar es sorprendentemente débil. Una vez que logramos cubrir nuestras necesidades con cierto desahogo, más y más dinero no incrementa en nada nuestra dicha. David Lykken afirma en su estudio sobre la felicidad: «Las personas que van a trabajar en chándal y toman el autobús son tan felices por término medio como los que van vestidos con traje y conducen su propio Mercedes». Solemos creer que la vida en conjunto mejorará si conseguimos aumentar nuestro salario, patrimonio y poder. Groucho Marx ironizaba sobre el tema con su célebre sentido del humor: «Hijo mío, la felicidad está hecha de pequeñas cosas: un pequeño yate, una pequeña mansión, una pequeña fortuna…»

Los símbolos pueden ser muy engañosos: tienden a distraernos de la realidad que se supone que representan. Lo cierto es que la calidad de vida no depende directamente de lo que los demás piensan de nosotros ni de cuánto poseemos, sino que tiene mayor relación con cómo nos sentimos con nosotros mismos y con lo que nos acontece.

¿Qué ha sucedido con el aumento del nivel de vida experimentado en los países occidentales en los últimos cuarenta años? ¿Ha contribuido a hacernos más felices?

En la mayoría de los hogares la renta se ha incrementado considerablemente (en parte debido a la aportación de la mujer), por lo que disponemos de un mayor poder adquisitivo. Poseemos dos coches, televisores planos de última generación, contamos con una gama de electrodomésticos que antes eran privativos de unos pocos. Éstos son los mejores tiempos que se han conocido desde una perspectiva material (con crisis o sin ella). Aun así, las estadísticas confirman que nuestra dicha no ha aumentado en absoluto. La gente cada vez recurre más a los antidepresivos, la tasa de suicidios entre los jóvenes ha aumentado, la apatía, la indiferencia y la desmotivación han ganado terreno, los problemas de ansiedad se han acentuado, un mayor número de personas padece angustia, frustración, soledad... De algún modo la prosperidad material se ha expandido y sin embargo nuestro espíritu se ha encogido. Es la paradoja de la prosperidad. En este nuevo siglo hemos conseguido mejores casas pero en los hogares falta afecto, ganamos salarios altos pero la moral está decaída, disfrutamos de derechos democráticos si bien el respeto por el otro disminuye, tenemos acceso a todo tipo de bienes y, mientras, hemos perdido los valores humanos por el camino. Celebramos nuestra situación de relativa opulencia, si bien seguimos aspirando a encontrar un propósito que nos guíe. Nos aburrimos en medio de la abundancia. Nos hemos convertido en consumistas compulsivos y no valoramos lo que ya tenemos. Nos gusta nuestra independencia y entre tanto añoramos disponer de conexiones sociales. En la edad de la plenitud material, estamos hambrientos de espiritualidad. Nuestra mejora económica no nos ha hecho avanzar como seres humanos. Ya escribía Henry David Thoreau que «el dinero no es necesario para comprar una necesidad del alma», y Francisco de Quevedo nos recordaba que «no es dichoso aquel a quien la fortuna no puede dar más, sino aquél a quien no puede quitar nada».

Concedemos excesiva importancia al éxito competitivo y financiero creyendo que es la panacea. Acaso provenga de la filosofía de vida que nuestra sociedad nos inculca, según la cual sólo el vencedor merece respeto. La realidad que hemos construido, y en la que creemos *a pies juntillas*, está basada en el acuerdo tácito de que nuestros logros nos definen: dinero, poder, influencia, renombre, estatus… Así la mayoría de la gente aún sigue engañándose acerca de lo que les puede colmar y aquello que les ofrecerá la seguridad suficiente para ponerse al amparo de las adversidades. Lo cierto es que la armonía interna tiene poco que ver con esas preocupaciones mundanas y mercantiles. La complacencia no viene exhaustivamente explicada por nuestro modo de ganarnos la vida, ni el profundo deseo del corazón humano se sacia con una cuenta bancaria abultada.

Una encuesta realizada hace unos años en la Universidad de UCLA (Estados Unidos) con estudiantes universitarios dio como resultado que su principal objetivo (entre diecinueve propuestas) se cifraba en «ganar mucho dinero» por encima de «destacar profesionalmente», «ayudar a otros en dificultades» o «formar una familia». Cuando años después la misma investigación se amplió a universitarios de cuarenta países diferentes, confirmó que un alto porcentaje de los que se decantaban por dar el máximo valor al dinero, el éxito y el prestigio profesional por encima de buenos amigos, crecimiento personal o intimidad en la pareja, admitió no ser muy feliz, mientras que aquellos que no consideraban estos valores como prioritarios experimentaban un mayor nivel de satisfacción general.

Tanto los estudios como la experiencia corroboran que el dinero no implica ventura; quizás haya que hacer caso a Tolstói cuando indicaba: «El secreto de la felicidad no es hacer siempre lo que se quiere, sino querer siempre lo que se hace». Lo esencial no es la riqueza en términos absolutos, sino la sensación de abundancia que cada persona percibe. Sentirse rico consiste en tener deseos que uno se pueda permitir, no necesitar más de lo que ya se posee. Asimismo, es revelador el hecho de que a largo plazo el incremento de capital apenas afecta la dicha. Un ejemplo palpable puede proporcionárnoslo los moradores de las chabolas de Calcuta, pues está demostrado que en su pobreza disfrutan de la alegría de un modo diferente de otros a quienes no les falta de nada. Podríamos acaso concluir que la riqueza es como la salud, su total ausencia alimenta la aflicción, pero tenerla no representa garantía alguna de felicidad.

Oscar Wilde escribía: «En este mundo existen sólo dos tragedias. Una es no conseguir lo que uno quiere, y la otra es conseguirlo». Wilde nos advertía sobre el peligro de obsesionarnos por obtener éxito, porque a menudo al obtenerlo nos percatamos que no es exactamente aquello que tanto anhelábamos. El dinero y el poder son incapaces de saciar el hambre indescriptible del alma. Podemos conquistar todos los objetivos ansiados y lograr la lista completa de deseos, y aun así sentirnos vacíos; haber adquirido el ansiado estatus, y no sentirnos complacidos; saber que nuestros amigos y conocidos nos envidian, y experimentar una insidiosa insatisfacción. Es más, Jung escribía: «Pasamos por alto el hecho esencial de que los triunfos que nuestra sociedad premia se ganan a costa de la disminución de la personalidad. Muchos aspectos de la vida que deberían haber sido experimentados yacen en el trastero de las memorias polvorientas». Ésta es una verdad que nos cuesta admitir. Es de lamentar que las personas sólo se enfrenten a ella cara a cara al asomar a la edad madura, complacidos con pequeñas pinceladas de progreso profesional, a expensas de su vida personal. En numerosos casos la familia ha de pagar el precio. En una época como la actual, con tendencia a valorar el encumbramiento a base de desequilibrios, no advertimos la estafa en la que estamos atrapados. El aplauso, el elogio y la adulación ahogan la suave voz interior que nos advierte que nos estamos dejando algo esencial en el camino. El mundo en el que vivimos reiteradamente rinde honores a la conquista financiera y nos empuja hacia el autosacrificio, no permitiéndonos convertirnos en personas enteras, ya que somos más útiles cuando alguna parte primordial de nosotros se halla en estado vegetativo.

En la etapa de juventud se persigue el éxito material por inercia. Se quiere probar la excelencia individual. Si nos ofrecen un ascenso laboral, movemos a nuestra familia a otra ciudad sin tener en cuenta el sacrificio que conlleva. Asimismo, dejamos de lado los estudios universitarios si nos ofrecen un contrato que nos tiente. Es posible que nos quedemos obnubilados incluso no tanto por los beneficios monetarios como por los desafíos que en ese estadio de nuestra vida demandamos. Lo que nos mueve es más el ansia de prestigio y reputación, que el éxito por sí mismo. Deseamos probar el alcance de nuestras habilidades y talentos. Si bien el tiempo suele modificar esa visión. Llega un momento en el que sentimos que la competición por la que habíamos apostado deja de tener valor, y la añorada e idealizada victoria pierde importancia como meta. La imperiosa necesidad de conseguir objetivos ambiciosos disminuye, y nos importa más la dirección de nuestros pasos y la intención de intentar descubrir la clase de vida que verdaderamente pretendemos llevar.

Como relata Goethe en su obra, Fausto busca experimentarlo todo sin restricciones ni límites: leer todos los libros, hablar todos los idiomas, probar todos los placeres. El demonio le tienta proporcionándole todo aquello que ansiaba —dominio, riqueza, poder, ser amado, encumbrarse a las gloriosas alturas del cielo y descender a las tenebrosas entrañas del inframundo—, pero termina por reconocer que nada le colma porque el hastío le invade y continúa con un hambre interior que nada puede saciar. Fausto contempla incluso el suicidio como último recurso, al no poder hallar ninguna respuesta definitiva, mientras se sume en un conflicto emocional y espiritual, llegando a convertirse en esclavo de su propia avidez. Hasta que al final de sus días se da cuenta de que ha envejecido y no ha realizado ningún aporte a la humanidad, y justo antes de morir desea llevar a cabo obras en beneficio de los demás. Sólo entonces percibe dónde se encuentra la sabiduría y el gozo que tanto había buscado y jamás encontró. Soñaba con la riqueza y la autoridad, porque creía que consiguiéndolas podría deleitarse en una existencia llena de contentamiento, resguardado de tempestades. Salvo que, como ocurre a menudo, hay que discernir cuándo se albergan ilusiones banales, ya que el mundo es un lugar demasiado intrincado, y jamás se puede conseguir un control total sobre lo que nos acontece. Acaso Fausto se resintió también de la soledad del poder ilimitado; la soledad del que todo posee y comprueba que no es suficiente para calmar la sed...

No soy partidaria de abogar por la pobreza, ni apoyo la creencia de que el dinero es inmoral. Sin embargo, cuando el triunfo material se convierte en una obsesión, conduce irremediablemente al ofuscamiento, llegando incluso a convencernos de que estamos a salvo de toda vulnerabilidad, atados a la autosuficiencia y superioridad, perdiendo las cualidades profundamente humanas, desquiciados ya sin rumbo. Henry Ford preconizaba: «Si el dinero es vuestra esperanza de independencia, jamás la tendréis. La única seguridad real que puede tener un hombre en este mundo es una reserva de conocimiento, experiencia y capacidad».

El éxito no es en absoluto pernicioso per se. Al contrario, gracias a la generosidad de gente acaudalada que quiere compartir los frutos conseguidos existen las ONG, pueden financiarse exposiciones artísticas o apoyarse investigaciones científicas. El poder —utilizado generosamente— permite asimismo influir positivamente en la vida de muchas personas: desde promulgar leyes que respeten el medio ambiente, hasta conseguir el acceso gratuito a la educación. El inconveniente surge cuando fortuna e influencia constituyen nuestra única ambición, porque esto nos aleja de nuestros semejantes, nos obsesionamos con secundarlo, y nos encierra en nosotros mismos, colocándonos en esa peligrosa posición en la que es peor ganar que perder. La historia de Alfred Nobel, el químico sueco, ilustra este punto a la perfección. Este hombre consiguió acumular un patrimonio considerable gracias a la invención de la dinamita y vendiendo la fórmula a algunos gobiernos para fabricar bombas. Cuando su hermano falleció, un periódico publicó por equivocación su obituario, señalando que se había enriquecido a costa de favorecer el aumento de armas de destrucción masiva. Leer aquello le perturbó tanto que decidió cambiar el curso de su vida, decidiendo que en lugar de ser recordado por tan terribles hazañas se dedicaría a establecer premios que recompensaran la labor de aquellos capaces de beneficiar a la humanidad. Nobel cosechó su fama debido a los explosivos, pero al tomar conciencia de su legado, comprendió que debía cambiar para poder sentirse orgulloso de lo que iba a dejar atrás.

Todos deseamos destacar en lo que hacemos, es un empeño inherente al ser humano. El conflicto aparece cuando casi sin percibirlo nos vemos inmersos en un círculo vicioso que nos atrae como un imán, y del que nos resulta imposible salir: trabajamos durante interminables horas y hacemos malabarismos para concluir cientos de tareas, experimentando todo el espectro de emociones, desde el aplauso repleto de adrenalina, al deseo desesperado de que el mundo se pare para poder tomar un respiro. Lo cierto es que al alcanzar nuestros fines, siempre aparecen otros. Con diferentes matices y variaciones estos temas son muy similares para todos: demasiado por hacer, escaso tiempo para realizarlo, y un reconocimiento subyacente que nos alerta de que, a pesar de nuestros esfuerzos, no parece que estemos viviendo nuestro pleno potencial. Aun consiguiendo cumplir nuestros planes más optimistas y disfrutando de un cierto grado de bienestar, en vez de sentirnos desbordados por una satisfacción y plenitud estables, descubrimos que la sombra del desencanto sigue indeleblemente presente. Los logros llegan con un alto peaje a pagar, y el resultado real de lo ambicionado es menos espectacular de lo previamente anticipado. No importa cuánto puedan aumentarnos el salario, nunca nos sentiremos suficientemente ricos. Pensamos que con más dinero obtendremos mayores placeres; mas como hámsteres atrapados en una rueda, la inercia contraída nos incita a seguir a la carrera, sin percatarnos que cuanto más corremos, más tenemos que pedalear.

Frecuentemente vivimos en el mito de la felicidad postergada: «Seré feliz cuando x, y o z acontezca. Cuando consiga el trabajo, la casa, el amante». Esperamos siempre que los acontecimientos exteriores nos hagan felices en un grado cuyo resultado suele demostrar que es puro espejismo. Asociamos toda clase de expectativas a hechos que —cuando finalmente acaecen— descubrimos que no se materializan como habíamos pretendido. En contra de lo experimentado, conservamos esta increíble capacidad para seguir engañándonos, creyendo que al lograr un trofeo concreto, éste representará el éxito personal que nos situará en el paraíso. No es más que una vana ilusión. Hasta tal punto que, cuando nuestros sueños más queridos se cumplen, tras una breve luna de miel, nos levantamos una mañana advirtiendo que seguimos siendo nosotros mismos, y que poco ha cambiado.

La visión profunda y lúcida —sin duda olvidada— de religiosos y místicos es que la felicidad sólo se puede encontrar domesticando el ego. Se puede triunfar, disponer de una gran fortuna, reputación, familia, abundancia material y todos los placeres asociados, y aun así no sentirse afortunado. Queremos más. Aspiramos a lo que no tenemos, lo diferente, lo inalcanzable, lo imposible. Nuestra ambición es insaciable. Tenemos adicción al deseo. Una tras otra, sugestivas instantáneas se arrastran hasta nuestra mente cobrando vida, saltando con pértiga desde recovecos desconocidos, empujándonos sin descanso en pos de algo más que confiamos sea definitivo y permanente por fin. El caso es que no hay cura universal que venga desde fuera para amortiguar el peso del hastío.

Creo que es justo pensar que casi todos tenemos el deseo de ser dichosos, de encontrar sentido, de sentir una cierta serenidad, de sufrir menos. El problema nace al pretender que los medios usuales por los que intentamos experimentar ese estado de manera estable —sin que se nos escape en cuanto creímos atraparlo— sean los generadores de eso que tanto codiciamos. A poco que nos observemos y contemplemos con objetividad a la gente de nuestro alrededor, confirmaremos que quizá deberíamos empezar a cuestionarnos la validez de esos medios que damos por ciertos, a pesar de la continua falta de efectividad. ¿Cómo podemos ser tan ingenuos al pensar que podemos seguir haciendo las cosas del mismo modo y aún esperar resultados diferentes?

Con el declinar histórico de la religión, la gente moderna ha ido apoyándose cada vez más en la ciencia y la tecnología como instrumentos de seguridad. El alma descreída y petulante del hombre de hoy ha erigido en las últimas décadas la ciencia y el Estado como sustitutos de la deidad, representantes de la autoridad conclusiva. Se ha reemplazado la guía de la religión que fue vital en el pasado por la idolatría a la ciencia y al progreso tecnológico. Ayer las elucidaciones sobre el sufrimiento humano eran personales y morales. Hoy son impersonales y científicas. No obstante, esta visión científica del mundo resulta insuficiente como consejera en el viaje de la existencia. La ciencia tiene sus propios procedimientos —disociados de la espiritualidad y la ética—, los cuales no son aptos para proporcionar guía alguna para la vida.

La sustitución de la religión por la ciencia ha traído como consecuencia el fomento de una sociedad de consumidores. El consumismo se ve estimulado también por las imágenes publicitarias que rozan lo mítico, nos alientan a adquirir, seduciéndonos sin tregua, incitándonos a creer que nos sentiremos colmados comprando y consumiendo más y más. Esto nos empuja al ciclo sin fin de trabajar para ganar dinero, gastar, comprar, acumulando deuda como efecto, y trabajar todavía más para amortizarla. En una cultura construida sobre estas bases resbaladizas, el deseo se encuentra fuera de control y siempre insatisfecho. Podemos adquirir infinidad de bienes, pero sólo obtendremos una satisfacción temporal. Compramos un nuevo juguete —llámese coche, teléfono móvil, o cualquier fruslería—, la adquisición nos proporciona un sentimiento de complacencia fugaz, dando lugar enseguida a un nuevo deseo asociado a nuevas trabas, frustraciones y complicaciones para conseguirlo. Un ciclo interminable del que es muy difícil escapar sin una introspección y reflexión que nos muestre que la dicha permanente es imposible de alcanzar sin una evolución notable de la visión y acciones de uno mismo en el mundo. Como en el cuento del poeta Rabindranath Tagore, el peligro surge al engarzar con oro las alas de un pájaro, porque ya no volverá a volar.

28

Adaptación y comparación

«El listo sabe recuperarse fácilmente de sus fracasos. El idiota jamás sabrá recuperarse de un éxito.»

ANÓNIMO

El llamado «principio de adaptación» describe nuestra tendencia a juzgar los diferentes estímulos que nos llegan en función de lo experimentado previamente. Es decir, tenemos la tendencia de ajustarnos a nuestro nivel neutro, y basándonos en nuestras vivencias, reaccionamos a las variaciones por encima o por debajo de ese nivel. Si nuestra condición actual mejora —mayores ingresos, calificaciones más brillantes, prestigio social— sentimos un gran regocijo, si bien es cierto que poco después nos adaptamos con facilidad a este nuevo nivel de logros, llegando a considerarlo normal, requiriendo algo más sugestivo para sentir otro estímulo semejante. El estado de euforia es siempre pasajero; nuestras emociones parecen sujetas a una banda elástica que se estira en ambos sentidos, para permanecer en un nivel parejo, sin apenas diferencias.

Los humanos contamos con la capacidad de adaptarnos a

las nuevas circunstancias —catastróficas o providenciales—
con más facilidad de la que creemos. Las experiencias se desvanecen enseguida, y la nueva coyuntura nos parece natural.
Los investigadores han constatado que existe una adaptación casi completa a sucesivos incrementos de ingresos.
Como ya se mencionó en capítulos anteriores, en los estudios con ganadores de lotería se descubrió que la inesperada
fortuna no conlleva mejoras duraderas en el estado anímico.
Pasada la fase de embriaguez típica en estos casos, su nivel
de complacencia disminuye hasta estabilizarse en los niveles
experimentados con anterioridad. Nuestra flexibilidad he-
donista también funciona hacia abajo. Las personas que se
ven golpeadas por la tragedia tienden a recuperarse tras un
cierto tiempo. Los que se vuelven minusválidos recuperan el
ochenta por ciento de su nivel de felicidad en un periodo
medio de tres años. Aunque nos sorprenda, los parapléjicos
pueden llegar a sentirse felices, pues no son disminuidos físicos en el espíritu ni en la mente. Sin embargo, todo esto es
algo que solemos obviar. Lo crucial radica en el abandono de
falsas esperanzas y en la exitosa adaptación a los nuevos roles, basados en limitaciones realistas y nuevos potenciales.
La calidad de nuestra vida depende de dónde ponemos nuestra atención y si somos capaces de aceptar los cambios inevitables.

Resulta curioso observar cómo funciona la mente y su
tendencia a desarrollar tolerancia hacia cualquier estímulo
al que es expuesta de forma prolongada para procurar permanecer en niveles neutrales. Asimismo, si dejamos de estar involucrados en determinados acontecimientos, la memoria emocional asociada a ellos comienza a desaparecer
con el tiempo. Nuestro sistema tiende a la automatización
de sus funciones, incluso las psicológicas. Por eso el impul-

so mental natural perseguirá mantener el balance interno de las vivencias emocionales, adaptándose al nivel experimental presente, alejando el recuerdo de sensaciones cumbre pretéritas. Es un mecanismo de protección que hemos ido desplegando, una insensibilización frente al dolor buscando la supervivencia. No obstante, esta conducta comporta también parálisis y apatía, y nos puede conducir a lo que afirmaba el filósofo Søren Kierkegaard: «El dolor más profundo es no saber que se está dolido».

Satisfacción e insatisfacción, éxito y fracaso, dependen de nuestra experiencia reciente. Este principio es también el que ayuda a entender que a pesar de la realidad del triunfo y la tragedia, y de todo aquello que nos sucede —sea fantástico o espantoso—, tendemos a percibir los mismos niveles de dicha tras un periodo de ajuste. Así se explicaría también por qué los deseos materiales pueden ser insaciables; por qué ansiamos un coche mejor y más potente cuando el que poseemos está en óptimas condiciones. Por qué los niños exigen cada vez más juguetes. Por qué Imelda Marcos, rodeada de miseria (siendo mujer del dictador de Filipinas), se compró 1.060 pares de zapatos... Buscar la felicidad a través de conquistas materiales supone subir una escalera de infinitos peldaños —tras un deseo conseguido aparece otro inmediatamente, de forma reiterada y perpetua—, sin que podamos encontrar más que un contentamiento efímero. Los afanes nunca colman de forma permanente. Cuando las posesiones dejan de ser un medio y se convierten en el fin por sí mismas, se pierde el norte y nos encadenan, impidiéndonos progresar.

Por lo tanto, es interesante observar esta capacidad asombrosa del ser humano para adaptarse a toda situación y utilizarla en nuestro propio beneficio; sabiendo que por una parte nuestras pretensiones de posesión pueden hacerse perpetuas —llegando a ser insaciables y de imposible consumación— y, por otra, que los efectos de las catástrofes pueden ser superados, permitiendo que el sol brille tras la tormenta una y otra vez.

29

Encontrar un sentido
a la existencia

«Cerca de un tercio de mis casos no sufren de neurosis definible, sino de la falta de sentido y vacío de sus vidas. Esto puede ser descrito como la neurosis general de nuestro tiempo.»

CARL G. JUNG

En los últimos decenios, la cultura occidental ha promovido la exaltación del individuo, lo cual sin duda nos ha ayudado a adquirir una mayor libertad. Por otro lado, también ha perturbado el sentimiento de pertenencia a una comunidad y ha contribuido a la pérdida de propósito. Cuando se carece de compromiso más allá de uno mismo, la existencia se convierte en algo exiguo. Los seres humanos requerimos un contexto de significado y esperanza que nos proporcione un sentido. Puede hallarse en Dios, en la familia, en el lugar que ocupamos en la raza humana o en cualquier propósito que trascienda nuestras limitadas vidas. Los cambios ocurridos en los últimos treinta años han transformado nuestra manera de vivir, incrementando la debilidad de ese compromiso con entidades mayores, erosionando creencias, y dejándonos desvalidos frente a los asaltos a los que estamos sometidos. Así, despojados de los amortiguadores tradicionales que antes nos arropaban, aconsejaban y tranquilizaban, un número creciente de personas pasa a engrosar las filas de los deprimidos, los que sufren de vacío existencial y de impotencia generalizada.

La existencia está marcada inevitablemente por los fracasos personales. En raras ocasiones conseguimos aquello a lo que aspiramos. La frustración, la derrota, la pérdida y el rechazo están presentes en nuestra cotidianidad. En el entorno individualista en el que nos movemos sólo importa aquello que nos afecta directamente, por lo que cuando se atraviesan periodos adversos, confundida toda referencia moral, no se recibe consuelo ni apoyo suficiente. De ese modo, es difícil evitar que el agotamiento se convierta en desesperanza, y a la postre en impotencia.

La sociedad vigente nos sitúa en una posición en la que los valores tradicionales ya no resultan válidos. Los principios acuñados durante siglos se van evaporando ante el cambio de paradigmas. Los mitos y las religiones cayeron con la llegada de la posmodernidad, si bien la ética laicista tampoco parece haber aportado mejoras sustantivas. A falta de instituciones convincentes (familia, nación) o de credos (espirituales o religiosos), las decepciones personales resultan traumáticas. En una época de individualización extrema y derrumbamiento de utopías y hasta de ideales, en la que se cree que el tiempo concluye con la propia muerte, el fracaso propio aparece como maldición permanente y el beneficio a través del engaño se concibe demasiado a menudo como el atajo a la felicidad. Ante un panorama tan poco halagüeño, la única salvación parece hallarse en un cambio de conciencia personal, buscando joyas de lucidez, compromiso individual y alegría que nos infundan la esperanza proveniente del tesoro de las visiones y de la confianza en que el futuro no está definitivamente perdido y que además contamos con el poder de modificarlo.

Hay personas que cuentan con fuertes bases psicológicas que les ayudan a atravesar situaciones límite, sin que perezcan y sin por ello quedar trastornadas con las correspondientes secuelas durante el resto de sus días, a diferencia de la mayoría de los mortales. Esto se empezó a comprobar a partir de investigaciones realizadas con los supervivientes de los campos de concentración en Alemania y con los prisioneros de guerra de las «jaulas para tigres» en el sudeste asiático. Los que mejor se sobrepusieron a estas dolorosas pruebas fueron los que contaban con una profunda base religiosa o espiritual; fueron los únicos que se salvaron de la locura tras las vejaciones de la tortura.

Esto mismo ha ocurrido con gran parte de los monjes tibetanos que han conseguido sobrevivir a las penalidades sufridas en las cárceles chinas sin verse perturbados. Parece que una visión del mundo integrada y profundamente espiritual es lo que les ayuda a no perecer a pesar de las durísimas condiciones, sin una profunda y definitiva desestabilización psicológica posterior. Algunos testimonios señalan que su capacidad para seguir sintiendo compasión por sus torturadores —en lugar de cultivar el odio y los deseos de venganza— forma la raíz de su resistencia y entereza.

¿Qué es lo que hace que algunos nos derrumbemos ante las vicisitudes de la vida y otros puedan encararlas con la cabeza alta, incluso luciendo una sonrisa? Es fundamental contar con un gran sentido de coherencia. Es decir, en algún nivel profundo se desarrolla una total aceptación —una rendición consciente ante las circunstancias que poco tiene que ver con la resignación— para poder superar los movimientos sísmicos de la adversidad con denuedo y dignidad. Encontrar significado a las experiencias que acontecen aporta las fuerzas para soportar lo indecible, para resistir condiciones atroces sin hundirse, y seguir viviendo con un hálito de esperanza. En definitiva, en la vida sólo hay dos caminos: el de la inspiración o el de la desesperación, y nosotros elegimos cuál va a ser el nuestro.

Según la comprensión convencional, son las grandes tragedias las que nos impelen a buscar un sentido más profundo y a hacernos preguntas que antes eludíamos: un amor perdido, ilusiones rotas, la carrera profesional amenazada, un grave accidente, una enfermedad maldita, la muerte de un ser querido... Cuando las oscuras sombras extienden su negrura sobre nosotros, intentamos encontrar un soporte, una explicación a lo que sucede, penetrar en las honduras para no perdernos en el sinsentido del sufrimiento. Pero la paradoja existe. ¿Qué explicación podemos aplicar cuando nuestro trabajo y nuestra vida personal son estables y nos sentimos insatisfechos? ¿Cuando la vida discurre apacible pero nos invade una impresión de carencia, de tedio, de hastío, un insistente malestar imposible de acorralar y mitigar?

Éste es uno de los grandes males que nos aquejan hoy, el sentimiento generalizado del sinsentido. Cuando esto sucede nos parece que todo es absurdo, ilógico, injusto. Sin adoptar una perspectiva amplia, congruente e integral es imposible vivir con plenitud. Sin considerar los sucesos pasados como una serie de eslabones hacia la sabiduría, la fortaleza y la comprensión en vez de apesadumbrarnos por el peso de las memorias dolorosas, será imposible encontrar calma en medio del caos, ni autenticidad en un mar de desazón. A la larga supone sobrevivir con una sempiterna sensación de vacío interior, una tristeza incómoda y visceral siempre latente, porque como dice Tony Robbins: «Lo que da sentido a nuestras vidas no es lo que obtenemos, sino en quiénes nos convertimos, en qué contribuimos...»

La constante búsqueda de satisfacción egoísta y exigente que proclaman los dogmas reinantes arroja sombras de desdicha en un mundo aparentemente próspero, manchas oscuras que se manifiestan en un creciente sentimiento de desolación interna. La presencia de la egolatría y el narcisismo como formas de conducta se han generalizado en nuestra sociedad del bienestar —caprichosa y pueril— donde predominan acciones epicúreas que limitan la capacidad de trascendencia personal e inhiben la consolidación de un óptimo sentido de vida. La vacuidad y el desencanto sobrevienen cuando la persona no trasciende lo superficial, lo inmediato, lo puramente utilitario.

Es obvio que la dinámica de la sociedad occidental contemporánea potencia la sensación de *ir a la deriva,* quizás al haberse encaminado hacia una cultura profana y caprichosa, caracterizada por el predominio del *carpe diem* en aras de los intereses particulares del corto plazo, y animada por una indolencia corrosiva que persigue las sensaciones fuertes para neutralizar el zarpazo de ese monstruo llamado tedio. La obsesión por el disfrute inmediato y la definición de la vida en función del placer epicúreo, se mezclan con el predominio de la «saturación del yo» en medio de una dinámica social impersonal e intrascendente. Es una bacteria moderna muy extendida que se refleja en una sensación de desamparo, de melancolía sempiterna salpicada por una desilusión irremisible.

Lo que nos frustra y nos roba el júbilo es la ausencia de sentido intrínseco y al mismo tiempo subjetivo. Nuestras existencias pueden ser exitosas o fallidas, estar colmadas de fruición o preocupaciones. Mas, ¿tienen alguna dirección? Ésta es una cuestión fundamental que soslayamos continuamente. ¿Somos un animal más viviendo sólo para trabajar, dormir, alimentarse y reproducirse? Lo que diferencia a nuestra especie es la facultad de encontrar fundamento a lo que hacemos. De obviarlo, ese indefinido desierto interior se afirmará cada vez con más fuerza en nuestro ser. Pretendemos colmarlo con el movimiento incesante y con afanes que —si bien provocan algo de satisfacción— producen efectos transitorios: distraernos con entretenimientos, comiendo más allá de nuestras necesidades, cediendo a la lujuria promiscua, recurriendo a las drogas, los tranquilizantes o a las compras compulsivas, enganchándonos a Internet, encerrándonos en los compromisos laborales continuos... En definitiva, buscando ecos que nos aturdan, actividades que secuestren nuestra atención, que nos hagan huir de nosotros mismos con obcecación y persistencia, sin que por ello podamos salir de los abismos personales. Nada será suficiente. No puedo sino suscribir las palabras de Víctor Frankl: «Considero el ritmo acelerado de la vida actual como un intento de automedicación, aunque inútil, de la frustración existencial. Cuanto más desconoce el hombre el objetivo de su vida, más trepidante ritmo da a esta vida».

El ser humano se sitúa en una encrucijada entre la transitoriedad y el permanente devenir, tal como afirmó Kierkegaard al expresar que el hombre es «pura posibilidad». Somos los artífices de nuestra propia ruta, y en la exigencia que nos impone elegir, se evidencia la tensión y el temblor propios de la existencia. Por una parte aparece el anhelo de lograr lo que aún no se ha materializado y, por otra, el temor y la angustia ante la posibilidad de la nada, la certeza de la temporalidad y el afán de proyectarse hacia el futuro. Es un equilibrio frágil y difícil de lograr que a menudo culmina en melancolía, en imperdonable desidia, en un yermo campo íntimo, en un hastío que se debate en su propia depresión y aprisiona el movimiento; lo que hace que nos sintamos incapaces de reaccionar ante el abismo, saturados de pesadumbre y abandono.

Además, la sensación de vacío tiende a experimentarse como un averno irremediable, un abandono, una insuficiencia, una impotencia, un sabor amargo permanente. También como una fluctuación entre el deseo de crear y la anulación del proyecto esbozado. De algún modo contiene potencialmente un intento de transformación de sí mismo y del mundo, pero las posibilidades inherentes se agotan en la liviandad y la desesperanza. ¿Significa esto que estamos abocados a la penumbra y a un cinismo recalcitrante? ¿O realmente es posible encontrar alguna profundidad a la vida? ¿Cuál es su propósito?

No creo que se pueda dar una respuesta universal, dadas las numerosas diferencias existentes en términos de cultura, edad, raza, religión, etc. Es algo que no puede imponerse, sino que se debe descubrir; implica percibir una posibilidad desde el trasfondo de la realidad; una ocasión única en cada circunstancia y que cada uno ha de encontrar, porque es lo que permite guiar nuestra conciencia ante el devenir de la vida. Ese sentido no es abstracto; debe adecuarse a una situación concreta, a un momento determinado, adaptándose asimismo a la singularidad particular porque cada ser cuenta con su propósito, la propia misión que cumplir, un cometido preciso y una oportunidad magnífica para instrumentar su lugar en el mundo. A pesar de la multiplicidad de sentidos, tenemos la certeza de que se halla universalmente presente. No hay situación alguna que no ofrezca una oportunidad de explorarlo, como no hay persona a la que la Vida no le haya dispuesto para una tarea. Sólo se requiere la voluntad de indagar, de sondear los sumideros del inconsciente y empujar nuestros límites más allá de nuestras aparentes aptitudes.

Cuando la persona tiene el convencimiento de que su vida tiene un propósito —independientemente de los acontecimientos exteriores— permanece un sentimiento de solidez y contento interior, una fuerza sutil a la par que expansiva que lo penetra todo, proporcionando la seguridad de que lo que acontece forma parte de un plan infinito y tiene visos de perfección, aunque no podamos comprenderlo en el mismo instante en el que está acaeciendo. Nos acerca a un concepto que una amiga mía siempre recalca: «Uno no tiene por qué comprender el mundo, sino su lugar en él».

Como el sentido de la vida es personal e intransferible, nos corresponde a cada uno de nosotros hallarlo. Sin esta convicción y la fuerza para llevarlo a cabo, siempre tendremos la sensación de que vamos a la deriva presionados por la sociedad, la cultura, la educación (o como dice un profesor mío, la *edu-castración*), nuestra familia o el entorno. Siempre buscaremos un chivo expiatorio al que culpar de lo que nos ocurre. Si en lugar de rebelarnos contra una realidad que nos decepciona y sentirnos víctimas de la misma, asumimos nuestra parte de responsabilidad, podremos transformarnos; y al hacerlo, todo se modificará. Nadie más está ungido del poder omnipotente de reformar la realidad. La mejor manera de cambiar la conciencia de los otros es con tu propio ejemplo. Como dice Neale Donald Walsh en uno de sus libros: «Todo empieza por ti. ¿Quieres que el mundo cambie? Cambia las cosas en tu propio mundo». Hasta que no lleguemos a esta convicción, seguiremos solicitando limosna en los aledaños del materialismo contumaz, discurriendo extraviados por senderos tortuosos, sintiendo que vivimos una vida que no nos pertenece y que simplemente hemos de soportar.

30

Estamos al volante

«La felicidad es cuando lo que piensas, lo que dices y lo que haces están en armonía.»

MAHATMA GANDHI

Una de las grandes falacias que tendemos a admitir como verdad es pretender que personas y acontecimientos externos sean culpables de nuestra desventura. Por eso la felicidad parece escaparse siempre cuando casi podíamos rozarla con los dedos. Comulgar con esta suposición nos lleva ineludiblemente a sentirnos víctimas. No obstante, nadie puede bajarnos a los infiernos ni elevarnos al cielo, a no ser que le cedamos esa potestad amablemente. Las únicas barreras que existen entre nosotros y la dicha son nuestras creencias perentorias, axiomáticas y limitantes; por lo que si nos animamos a debatirlas para superarlas, puertas de infinitas posibilidades se abrirán ante nosotros.

Se suele suponer que las emociones están determinadas biológicamente, y en consecuencia son inmodificables, también las destructivas. Sin embargo, los últimos descubrimientos en el campo de la neurobiología han demostrado que las vivencias y el aprendizaje son capaces de ir transformando nuestro cerebro. Hasta hace bien poco, los neurocientíficos estaban convencidos de que nacíamos con un determinado número de neuronas y que éste permanecía estable a lo largo de la vida. Ahora se sabe que el ser humano sigue desarrollando nuevas neuronas hasta el final de sus días, y lo más importante, el cableado neuronal no es algo estático e irreversible, sino por el contrario, muy dúctil. Por lo que está a nuestro alcance emplearlo para nuestro beneficio o perjuicio.

En términos prácticos, esto significa que pensamientos y sentimientos dependen en última instancia de cómo nuestra mente filtra e interpreta la experiencia diaria. Es más, hoy en día la física cuántica ha demostrado que la realidad personal es siempre subjetiva, pues el observador modifica lo observado. Datos que vienen a corroborar la noción de que la felicidad depende de la armonía interna, no del control que podemos ejercer sobre las grandes fuerzas exteriores que rigen el universo.

En algunas ramas de la psicología se indica que «el mapa no es el territorio». En otras palabras, siempre existe una distorsión entre lo que ocurre y cómo cada uno lo interpreta. Los límites no se encuentran en el mundo, sino en las percepciones con las que construimos la realidad, en aquello que nos contamos y expresamos. Observa tus creencias, ¿te restringen o te expanden? ¿Te permiten aumentar tus opciones o las reducen? En teoría nuestra flexibilidad para cambiar las creencias es inmensa, si bien algunas se mantienen incólumes a lo largo del tiempo. Crear automatismos nos ha costado tiempo y esfuerzo, por lo que una vez incorporados a nuestra identidad no deseamos realizar cambio alguno, ya que parecen protegernos al procurarnos una sensación de estabilidad y certitud. Los hemos solidificado en el curso de nuestra vida, los hemos clasificado e incluido en la categoría de credos propios que nos confieren un halo de seguridad. Robert Graves escribía: «La gente es capaz de creerse cualquier cosa que le convenga».

Tendemos a identificarnos con nuestros pensamientos, opiniones y creencias, los cuales nos constriñen y restringen la revelación de nuestra verdadera identidad. Pero no somos lo que tenemos, ni nuestros juicios, ni nuestro estatus social, ni nuestro cuerpo, ni lo que especulamos que los demás piensan sobre nosotros. No somos hombres y mujeres esquilmados. Somos obras perfectas de la Vida, somos seres en constante evolución y expansión.

Podemos salir de los círculos agónicos y obstruidos, de los escenarios áridos y desolados en los que nos hemos sumido con las mejores intenciones, pero con resultados aciagos. En nosotros se ubica la capacidad de ser felices o miserables, tan sólo variando los contenidos de nuestra conciencia. La dicha no es un resultado de la suerte; no depende fundamentalmente de los acontecimientos extrínsecos sino de cómo los interpretamos. La capacidad para perseverar frente a los obstáculos sin desespero y sin perder la integridad es imprescindible, no sólo para alcanzar el éxito sino también para disfrutar de la vida.

Cada vez hay más gente que comprende que cambiando de manera de pensar, se puede cambiar la propia vida. El psicólogo Wayne Dyer cuenta una anécdota que ayuda a entender cómo nos comportamos la mayor parte del tiempo.

«Es como si perdiéramos unas llaves en casa, y se ha ido la luz. De repente vemos que la calle está iluminada, por lo que salimos a buscarlas allí.

Pronto se nos une algún vecino que nos ayuda a buscarlas.

Hasta que se le ocurre preguntarnos dónde las hemos perdido exactamente, y le contestamos que dentro de casa.

—¿Por qué las buscas aquí entonces? —nos interroga certeramente nuestro vecino.

—Porque aquí hay luz —respondemos.»

¿No es esto lo que nos sucede? Siempre que nos enfrentamos a alguna dificultad interior, buscamos la solución fuera de nosotros. Nos sentimos desencantados, aburridos, hastiados, desgraciados, miserables… y pretendemos encontrar la solución de nuestras dificultades poseyendo la casa de nuestros sueños, librándonos de ese jefe que no soportamos, manipulando a nuestra pareja. Somos nosotros los que experimentamos los conflictos, y esperamos que la otra persona se reforme o que las circunstancias se modifiquen para que desaparezcan nuestras tribulaciones y por fin se nos conceda la dádiva de la ventura. ¿Qué lógica es ésta? La felicidad no es algo que se ubica fuera, es un sentimiento que se desarrolla dentro y al que se le prende la chispa desde el interior, con denodada paciencia y constancia. Es por ello que en los Upanishads se asegura: «Todos los seres provienen de la alegría, viven en la alegría, y a la alegría regresarán».

Para muchos la vida se les presenta como un camino sinuoso, plagado de obstáculos, que en contadas ocasiones brinda oportunidades de deleite; y cuando éstas llegan, aparecen de forma efímera, como fruto de los estragos del azar. Se sienten indefensos ante los zarpazos del abismo del sufrimiento y las caricias fugaces. De algún modo permiten que sean el placer y el dolor los que determinen su vida, perdiendo el control sobre la misma.

Sin embargo, cuando abandonamos la añoranza del refugio en atalayas inexpugnables y nos alejamos del deambular por las luces rotas, la orfandad anímica y el raudo oscurecimiento de la conciencia para adueñarnos del dominio personal sobre las experiencias, entonces aprendemos a disfrutar de cada momento, permitiendo que el control sobre la vida regrese a nuestras manos. «No sólo has de soportar aquello que es necesario, sino que debes amarlo», aconsejaba Nietzsche. Puede resultar abrumador reconocer que nadie ni nada puede salvarnos ni rescatarnos de la opacidad de nuestros espejos; sorprendentemente en ello reside nuestro poder. Tenemos la elección de continuar en la mediocridad de la insatisfacción permanente o saltar a la excelencia de nuestras capacidades. Podemos nadar en océanos de desidia o caminar bajo el sol de nuestro propio esplendor. El único límite de nuestro impacto se ubica en la imaginación y el compromiso con el que nos responsabilizamos. No hay que olvidar pues las palabras del filósofo alemán Schopenhauer: «Cada hombre toma los límites de su propio campo de visión como los límites del mundo».

El escritor Eckhart Tolle cuenta la siguiente historia:

«Un mendigo había estado sentado a la orilla de un camino durante más de treinta años. Un día pasó por allí un extraño.

—¿Tienes algunas monedas? —murmuró el mendigo, estirando mecánicamente el brazo con su vieja gorra.

—No tengo nada que darte —respondió el extraño. Y luego preguntó—: ¿Qué es eso sobre lo que estás sentado?

—Nada —replicó el mendigo—, sólo una caja vieja. He estado sentado sobre ella desde que tengo memoria.

—¿Alguna vez has mirado en su interior? —preguntó el extraño.

—No —respondió el mendigo—. ¿Para qué? No hay nada dentro.

—Echa una ojeada —insistió el extraño.

El mendigo logró entreabrir la tapa. Para su asombro, incredulidad y euforia, descubrió que la caja estaba llena de oro...»

Ésta es la gran paradoja del ser humano, creer que fuera se ubica aquello que nos puede satisfacer, sin percatarnos que el ansiado tesoro está escondido en nuestro interior. Seguiremos ahogados en la indigencia (a pesar de nadar en la mayor de las riquezas materiales) aspirando a residuos de placer y plenitud que nos validen y nos proporcionen seguridad mientras permanezcamos anclados en la convicción de que la redención y la causa de los problemas se encuentran en el exterior. En tanto en cuanto continuemos señalando a otros como responsables de nuestra aflicción y nos aprisionemos en la posición de víctimas, la situación será desesperada.

No hay salvación posible de los torbellinos que el tiempo levanta y arrastra a su paso. No podemos seguir sublimando el pasado ni fantasear con una redención fundada en un orden perfecto futuro, un reino privado invulnerable a los estragos de la fatalidad. Debemos trabajar con lo que tenemos, con los retos que nos acosan, las vicisitudes que nos asaltan, el calidoscopio que nos rodea, contemplándolo como asombrosas oportunidades de crecimiento, porque todo lo que nos duele también nos permite progresar, y superar la adversidad es el crisol que da forma al carácter. Por fortuna, la capacidad del individuo para alterar y enmendar tanto su comportamiento como su actitud es enorme, lo cual permite conservar la esperanza de un mundo mejor, más pacífico, más generoso, más radiante.

La realidad es que la persona feliz posee armonía interna; su personalidad no está escindida contra sí misma ni batalla contra el universo en un enfrentamiento continuo. Se siente ciudadana del mundo, y goza con libertad del acontecimiento maravilloso que es la vida, con todos los regocijos y retos que ésta representa, comprendiendo y aceptando que es una aventura, no un *tour* organizado; sintiéndose parte integrante del río que no cesa. Con esta convicción profunda de hallarse conexionado con cada una de las piezas existentes, florece la serenidad que ningún suceso ni elemento puede jamás arrebatar. Si nos sentimos separados y sometidos a las eventualidades externas, nos asentaremos sobre unas frágiles raíces que se arrancarán en cuanto el viento sople en una dirección no deseada.

Cuando el poeta inglés W. C. Henley escribía: «Soy el Maestro de mi Destino, soy el Capitán de mi Alma», debería habernos informado de que la razón de ser dueños de nuestro destino reside en el poder de instruir nuestra mente. También Winston Churchill nos avisó: «El precio de la grandeza es la responsabilidad sobre cada uno de los pensamientos».

Lo que perfila nuestras vidas no es el pasado, ni el entorno, ni la biología, ni los acontecimientos, sino el significado que damos a los mismos: la manera en la que los interpretamos. Eso es lo que da forma a quienes somos hoy y en quienes nos convertiremos mañana. Las irritaciones y las decepciones inevitables pueden dar lugar a tesoros de conocimiento profundo, tal y como un grano de arena que incomoda a una ostra termina por convertirse en una hermosa perla. Lo que hacemos en los momentos de mayores pruebas puede convertirse en nuestro mayor triunfo. Sólo asumiéndolo podemos transformarnos y enderezar nuestra vida, en vez de sentirnos mártires de los acontecimientos o seguir apresados en la inopia.

Tu voluntad de sacar lo positivo de cada situación, de apreciar lo que tienes y de contribuir a un mundo mejor es lo único que te podrá hacer feliz. Nada ni nadie podrá lograrlo por ti. ¿Qué es lo que valoras más, tus posesiones materiales o el privilegio de controlar tus pensamientos? Tu respuesta ha de indicarte con claridad en qué punto del camino estás situado. Tus ambiciones y aspiraciones deberían señalarte hacia dónde deseas dirigirte. Sólo tú posees la clave. Sólo tú puedes hacer algo al respecto. Sólo tú puedes empezar la tarea hoy. Sólo tú puedes perderte. Sólo tú puedes aprender de tus propios errores. Ya posees todos los recursos necesarios para encaminarte hacia la preciada meta. ¿A qué esperas para ponerte en marcha? Si otros han sido capaces de hacerlo antes, tú también puedes. El escritor Anatole France afirmaba: «Para lograr grandes cosas, no sólo debemos actuar, sino también soñar; no sólo planificar, sino también creer».

La psicología cognitiva reconoce la importancia cardinal que las creencias ejercen en nuestra psique y, como consecuencia, en el comportamiento, la capacidad de superación y el triunfo. Ciertas corrientes psicológicas afirman que teniendo en cuenta consciencia y emoción, tanto los condicionamientos del pasado como los hábitos pueden ser modificados, logrando sortear los socavones en los que con frecuencia hemos tropezado, aliviar las penas y disfrutar de vivencias más satisfactorias. Escritores como Deepak Chopra, Louise L. Hay, Wayne Dyer y tantos otros están teniendo gran influencia a través de sus libros apoyándose en esta antigua y poderosa verdad. Apuntan que en numerosas ocasiones no son las circunstancias las que nos atrapan —un determinado trabajo, el estilo de vida o una relación—, sino nuestras creencias coercitivas. Cuando reemplazamos los «no puedo» por «puedo», innumerables senderos se abren ante nosotros. Existen cientos de ejemplos de deportistas, músicos y empresarios que realizaron grandes obras al cambiar las opiniones sobre sí mismos, y persiguieron sus objetivos sin dejarse vencer ante los obstáculos. Hay muchas personas que nos demuestran que combinando fuerza y visión podemos lograr proezas que podrían parecer inalcanzables. Ahí tenemos a la presentadora norteamericana Oprah Winfrey, quien ha llegado a convertirse en una de las mujeres más influyentes y carismáticas de su generación. Sin embargo, nada hacía pensar que esta niña negra nacida en la más extrema pobreza en el Sur, habiendo sufrido en su niñez carencias y abusos sexuales, escaparía del yugo del entorno. Su mayor estímulo lo constituyó su gran confianza, persuadida de que podría crear su propia estrella, sin dejarse vencer por el contexto hostil. Con tesón fue escalando peldaños en el área de la comunicación hasta convertirse en una prestigiosa figura en el mundo de la televisión y una inspiración para millones de mujeres.

Franklin D. Roosevelt padeció poliomielitis a los treinta y nueve años, y se le pronosticó una total parálisis para el resto de sus días. A pesar de las oscuras perspectivas vaticinadas por los médicos, luchó con denuedo, consiguió recuperar el movimiento de sus piernas y culminar una brillante carrera política. Su inquebrantable voluntad le llevó a ser uno de los presidentes más estimados de Estados Unidos y el único en ganar cuatro elecciones presidenciales.

También la vida de Christina Noble supone otra muestra de audacia y superación. Nacida en los suburbios más miserables de Dublín, la prematura muerte de su madre y un padre alcohólico incapaz de cuidar de sus hijos la llevó a vivir en la calle, siendo presa de todo tipo de abusos. La convivencia con un marido violento no supuso una verdadera salida del infierno, ya que le llevó incluso a ingresar en un sanatorio psiquiátrico. No obstante, durante la Guerra de Vietnam tuvo un sueño que le impelía a ayudar a los niños marginados y abandonados de Ho Chi Minh. Este sueño se convirtió en una realidad gracias al espíritu indomable de esta mujer que, sin contar con recurso alguno, ha logrado crear una importante organización dedicada a dar cobijo a los niños de la calle en diferentes ciudades de Vietnam y Mongolia, erigiendo escuelas y hospitales. Toda una lección de coraje.

Asimismo, me gustaría recordar al atleta Roger Bannister, quien atravesó los límites de lo imposible. Hasta 1954 nadie había logrado recorrer una milla en menos de cuatro minutos, y se asumía como un obstáculo insuperable para cualquier persona. Eso fue antes de que él batiera ese récord en Oxford el seis de mayo de aquel año, superando la mítica barrera. Así, la hazaña pasó a ser conocida como la «milla milagro». Lo asombroso fue que al realizar tal proeza, esa limitación psicológica aceptada como verdad incuestionable se desintegró. Seis meses después un australiano lo hizo en un segundo menos, y en los siguientes nueve años casi doscientos corredores pudieron traspasar lo que una vez pareció una meta inaccesible.

La mente puede ser nuestro mejor aliado para alcanzar el cielo en la tierra o convertirse en nuestro peor enemigo, haciéndonos descender a la ciénaga del infierno; la elección es competencia nuestra. Swâmi Sivananda decía: «Es preferible permitir un corte en el cuerpo con un cuchillo afilado que dejar un pensamiento pernicioso en tu cabeza».

La influencia principal en la calidad de nuestra vida es la motivación procedente de los pensamientos, quienes se encargan de filtrar lo que nos llega. Las fuerzas negativas que nos perturban son también mentales; por ello podemos eliminar nuestras aflicciones a través de nuestra percepción. Al leer esta afirmación, alguno de vosotros experimentará un cierto rechazo: «Los problemas son reales, no inventados por mí. ¿Cómo es posible deshacerse de ellos?» La evasión no es la solución, pues conduce al desastre. La salida aparecerá mediante un cambio de actitud, la observación y la práctica continua. La transformación interna no está sólo reservada a los yoguis, ascetas y personas dotadas de talentos extraordinarios; se encuentra al alcance de todos aquellos que con disciplina y tenacidad deseen reservar un poco de tiempo y esfuerzo a su desarrollo personal en pos de una vida más plena. Es la única vía para aumentar nuestra lucidez, lograr los objetivos propuestos y sobre todo reposar en una serenidad acrisolada y duradera.

Todos queremos librarnos de las brumas de la pesadumbre y gozar de las delicias de la esquiva felicidad. Esto sólo será posible en la medida en la que nos redimamos de las perturbaciones que asedian una mente que no se ha entrenado. Estamos situados en una encrucijada permanente que depende de nuestra determinación. Podemos permitir que las mareas perniciosas de la negatividad y el temor nos dominen o podemos alimentar aquellos impulsos intelectuales que nos benefician. Somos los amos de nuestro propio destino en la tierra, tenemos gran influencia —directa o indirectamente— sobre nuestro entorno y sobre nuestra propia dicha. Sólo existen dos opciones: pensar que somos vástagos de una multitud de circunstancias que nos sobrepasan y de las que no podemos escapar, o bien estar convencidos de que tenemos la capacidad de trabajar con las circunstancias y con nosotros mismos y, por lo tanto, poseemos la llave de nuestra felicidad.

Lo que en este libro se propugna es sencillo, aunque no fácil. No creo que uno se pueda fiar de las salvaciones —ni siquiera de los procedimientos— que mantienen que la opulencia y la seguridad vital se consiguen a golpe de billetero; ni tampoco de las nuevas corrientes que prometen la conquista del amor verdadero y los sueños más anhelados gracias a un par de visualizaciones, un cursillo acelerado de fin de semana y una afirmación repetida por enésima vez. Por muy atractivas que reluzcan estas proposiciones embaucadoras, su brillo se desvanece a la primera de cambio, en cuanto nos llega un obstáculo en el prometido mundo rosa y nos damos de bruces con la realidad. Nada cambia si antes no hemos cambiado nosotros profundamente. Durante un periodo puede que creamos que lo hemos conseguido, que hemos atrapado lo escurridizo, que hemos logrado cerrar el círculo y ponerle candado, que podemos materializar deseos sin fin. La luna de miel no dura mucho, tarde o temprano la vida se encarga de ponernos en nuestro sitio con una sacudida en forma de crisis sentimental, quiebra financiera, despido laboral o desastres familiares.

En una cultura que celebra la rapidez, la multitarea, la gratificación instantánea y los remedios paliativos, entiendo que sugerir tiempo, esfuerzo y disciplina para solventar problemas profundos y alcanzar una dicha estable y serena suponga algo difícil de aceptar y una idea a contracorriente.

Las soluciones fáciles, las recetas simplistas y las modernas pócimas en forma de marketing convincente y banal, a pesar de resultar muy atrayentes, sólo sirven para cubrir los síntomas durante un tiempo, si bien hay que adentrarse en terrenos más hondos con una cierta dedicación si queremos disfrutar de una dicha real, en vez de sumergirnos en uno de sus múltiples sucedáneos. Dicen que el camino hacia el infierno está pavimentado de buenas intenciones, y es que al final —aunque nos pese y nos cueste aceptarlo— no hay atajos para llegar al cielo personal, por mucho que algunos sepan vendérnoslo con enorme desparpajo y convicción. Ésas son las malas noticias, que hay que trabajar con un esfuerzo entusiasta y constante. ¿Las buenas? Que todo depende de ti, porque el secreto lo tienes tú:

Desear lo que tienes. Ser consciente de la belleza del presente. Aspirar a la perfección y encontrarse satisfecho con las imperfecciones. Sentirse en armonía con lo que te rodea. Alimentar la pasión desde el desapego de los fines. Amar incondicionalmente. Realizar el cambio que deseas contemplar en los demás. Predicar con el ejemplo, no con las palabras. Apreciar diariamente la Tierra que te nutre y el Cielo que te protege. Mirar hacia atrás sin remordimientos ni resentimiento. Contemplar el futuro con esperanza y optimismo. Estar agradecido por las bendiciones con las que cuentas. Buscar más querer que ser querido. Estar siempre dispuesto a ayudar. Admirar los milagros de la Vida. Escuchar la música de la naturaleza. Quererte para poder expandir y contagiar tu amor. Conectar con la alegría en cada esquina. Confiar que la perfección se presenta ante nosotros en cada momento, ya que no existen errores en el Universo.

Perdonar a los que te hirieron, comprendiendo que su ignorancia no les permitió evitarlo. Conectarte con tu esencia y
desarrollar tu personalidad. Compartir tus logros y conocimientos. Reconocer que tu tiempo aquí es limitado y apro-
vecharlo para contribuir a crear un mundo mejor. Gozar del
silencio y de las palabras. Bailar en vez de sentarte...

Las palabras de la Madre Teresa de Calcuta resuenan de
fondo en la melodía de mi caminar: «Recuerda siempre que
dentro de ti se halla la fuerza, la paciencia, y la pasión para
alcanzar las estrellas que cambien el mundo».

Agradecimientos

A María Luisa Pérez por sus incansables lecturas y correcciones. Sin ti esto no habría sido posible.

A Jaume Gurt, por ser el regalo más extraordinario que he recibido jamás.

A mi maestro y a los demás por su permanente guía y amor incondicional, sin ellos habría abandonado hace tiempo.

A Miguel Ferrer por su inestimable apoyo cuando decidí dejar mi trabajo de altos vuelos para perseguir un sueño.

A Javier Echecopar por creer en mí desde el primer momento en que me conoció.

A Marisa de la Fuente, por ser la primera lectora y por su entusiasmo desbordante al leer el manuscrito.

A Carlos Hernández Moratilla por su amistad irrompible cuando regresé y ya nadie se acordaba de mí.

A Marta Sevilla, mi agente, por apoyar mi libro en cuanto llegó a sus manos.

A Rocío Carmona, mi editora, por apostar valientemente por mi libro.

A todos mis clientes de *coaching*, por permitirme compartir una parte de su viaje y así enriquecerme.

A todos los niños maravillosos del Hospital La Paz, porque su coraje para superar el sufrimiento da sentido a mi vida cada semana.

A Bembo, Andrés, Laura, Iván, Alejandro, Sofía... porque sus muertes me iluminaron.

A S. S. Dalai Lama, por sus complejas y maravillosas enseñanzas, por ser una enorme fuente de inspiración para mí y por su inestimable ejemplo de cómo ser un foco de Luz entre tanta oscuridad.

Al lama Geshe Sonam Rinchen, por sus clases, y las bendiciones para todos mis proyectos.

Bibliografía

1. *El monje y el filósofo*, Matthieu Ricard y Jean-François Ravel, Ediciones Urano.
2. *La conquista de la felicidad*, Bertrand Russell, Editorial Debolsillo.
3. *El Profeta*, Kahlil Gibran, Editorial Edaf.
4. *El arte de la felicidad*, S. S. Dalai Lama y Howard Cutler, Kailas Editorial.
5. *Los orígenes del psicoanálisis*, Sigmund Freud, Alianza Editorial.
6. *Thanks!*, Robert Emmons, Houghton Mifflin Publishers.
7. *Fluir*, Mihaly Csikszentmihalyi, Editorial Kairós.
8. *¿Qué nos falta para ser felices?* Enrique Miret Magdalena, Editorial Espasa Hoy.
9. *The Happiness Equation*, Manfred Kets de Vries, Vermilion.
10. *Anatomía del miedo*, José Antonio Marina, Anagrama.
11. *Buda, materialismo y muerte*, Lama Djinpa, Librería Argentina.
12. *Upanishads*, Anónimo, Ediciones Viruela.
13. *Temor y temblor*, Søren Kierkegaard, Editorial Losada.
14. *Conversaciones con Dios I, II y III*, Neale Donald Walsh, Debolsillo.
15. *El arte de amargarse la vida*, Paul Watzlawick, Editorial Herder.

16. *The Farther Reaches of Human Nature*, Abraham Maslow, Penguin Compass.
17. *El corazón tiene sus razones*, Isabelle Filliozat, Ediciones Urano.
18. *Bhagavad Gita*, Yogi Ramacharaka, Simbad Ediciones.
19. *Camino de la perfección*, Dr. Wayne Dyer, Editorial Debolsillo.
20. *Recuerdos, sueños y pensamientos*, Carl G. Jung, Editorial Seix Barral.
21. *No Boundary*, Ken Wilber, Shambala Publications.
22. *On Children and Death*, Elisabeth Kübler-Ross, Simon & Schuster Adult Publishing.
23. *Learned Optimisim*, Martin E. P. Seligman, Vintage Books.
24. *El hombre en busca de sentido*, Víctor Frankl, Editorial Herder.
25. *Cuando todo se derrumba*, Pema Chödron, Editorial Gaia.
26. *Una realidad aparte*, Carlos Castaneda, Fondo de Cultura Económica de España.
27. *El libro de la vida*, Jiddu Krishnarmuti, Editorial Edaf.
28. *Un ataque de lucidez*, Jill Bolte Taylor, Editorial Debate.
29. *El mundo como voluntad y representación*, Arthur Schopenhauer, Editorial Trotta.
30. *Las relaciones entre el yo y el inconsciente*, Carl G. Jung, Ediciones Paidós Ibérica.
31. *A Guide to the Boddhisattva Way of Life*, Shantideva, Shambhala Dragon Editions.
32. *El libro tibetano de la muerte y la vida*, Sogyal Rimpoche, Ediciones Urano.
33. *Unlimited Power: The New Science of Personal Achievement*, Tony Robbins, Free Press.

34. *The Spiritual Teaching of Ramana Maharshi,* Ramana Maharshi, Shambala.
35. *El hombre y sus símbolos,* Carl G. Jung, Biblioteca Universal.
36. *Are You Ready to Succeed?,* Srikumar Rao, Hyperion Publisher.
37. *Hacia la paz interior,* Thich Nhat Hanh, Editorial Debolsillo.
38. *The Heart of Compassion,* Dilgo Khyentse Rinpoche, Shechen Publications.
39. *Fausto,* Johann Wolfrang Goethe, Editorial Espasa-Calpe.
40. *Distilled Wisdom,* Alfred A. Montapert, Borden Pub Co.
41. *Más allá del materialismo espiritual,* Chögyam Trungpa, Editorial Troquel.
42. *How to Be an Adult,* David Richo, Paulist Press.
43. *En defensa de la felicidad,* Matthieu Ricard, Ediciones Urano.
44. *De plomo en oro: el poder de los cuentos y metáforas,* Salvador A. Carrión López, Mandala Ediciones.
45. *El efecto mariposa,* Joaquín de Saint-Aymour, Ediciones Obelisco.
46. *Un minuto para el absurdo,* Anthony de Mello, Sal Terrae.
47. *Amar lo que es,* Byron Katie, Ediciones Urano.
48. *Places That Scare You,* Pema Chödron, Shambala.
49. *Le lumineux destin d'Alexandra David-Néel,* Jean Chalon, Éditions Pocket.
50. *Volver al amor,* Marianne Williamson, Ediciones Urano.
51. *Oscar Wilde: Aforismos y paradojas,* Villegas Editors.

52. *Las creencias*, Robert Dilts, Tim Hallbom, Suzi Smith, Ediciones Urano.
53. *El universo en un solo átomo*, S. S. Dalai Lama, Editorial Grijalbo.
54. *Start Where You Are*, Pema Chödron, Shambala Publications.
55. *Una cueva en la nieve*, Vicky MacKenzie, Editorial RBA.
56. *The Great Medicine*, Shechen Rabjam, Shambala Publications.
57. *Path to Budhhahood*, Ringu Tulku, Shambala Publications.
58. *La vida después de la pérdida*, Raymond A. Moody y Diana Arcargel, Editorial Edaf.
59. *Usted puede sanar su vida*, Louise L. Hay, Books4pocket.
60. *Bridge Over my Sorrows*, Christina Noble, Bantam Doubleday Dell.
61. *Journey to Enlightenment*, Matthieu Ricard, Aperture Editions.
62. *The Bardo Guidebook*, Chökyi Nyima Rinpoche.
63. *Un manual de vida*, Epicteto, Editorial José J. de Olañeta.
64. *Maya Angelou: Poems*, Maya Angelou, Bantam.
65. *Salud emocional*, Daniel Goleman y S. S. Dalai Lama, Editorial Kairós.
66. *El amor del espíritu: un estado del ser*, Bert Hellinger, Ridgen.
67. *En búsqueda del sentido de la vida*, Willigis Jäger, Narcea Ediciones.
68. *Magos y místicos del Tíbet*, Alexandra David-Néel, Ediciones Índigo.

69. *Letting Go of the Person You Used to Be,* Lama Surya Das, Broadway Books.
70. *Momentos perfectos,* Eugene O'Kelly, Editorial Alienta.
71. *Sobre el duelo y el dolor,* Elisabeth Kübler-Ross, Editorial Luciérnaga.
72. *Buddhism for Busy People,* David Micho, Viva Books Editions.
73. *Historia de la filosofía,* Julián Marías, Alianza Editorial.
74. *Del sufrimiento a la paz,* Ignacio Larrañaga, Editorial Lumen.
75. *Inteligencia emocional,* Daniel Goleman, Editorial Kairós.
76. *What World Buda Do?* Frank Metcalf, Pilgrims Publishing.
77. *El poder de la intención,* Wayne Dyer, Editorial Debolsillo.
78. *Stop Thinking, Start Living: Discover Lifelong Happiness,* Richard Carlson, HarperCollins Publishers Ltd.
79. *Eyes Wide Open,* Mariana Kaplan, Sounds True.
80. *The Problem of Pain,* C. S. Lewis, Zondervan Publishing House.
81. *Un nuevo mundo, ahora,* Eckhart Tolle, Editorial Debolsillo.
82. *El alquimista,* Paolo Coelho, Editorial Planeta.
83. *Power Versus Force,* David R. Hawkins, Hay House Publishers.
84. *Una breve historia de todas las cosas,* Ken Wilber, Editorial Kairós.
85. *Sabiduría emocional,* S. S. Dalai Lama y Paul Ekman, Editorial Kairós.

Más información

Mónica L. Esgueva ejerce como Coach Personal y Ejecutivo, imparte regularmente cursos abiertos sobre Sabiduría Emocional y Liderazgo, además de dar conferencias en torno a temas de desarrollo personal y espiritual en diferentes ciudades y países.

Con el fin de potenciar el crecimiento personal, ayudar a enriquecer la vida personal y contribuir a la dicha de las personas, ofrece talleres prácticos complementarios a este libro.

Para obtener más información sobre los cursos, conferencias y otras novedades, puede visitar:

www.monicaesgueva.com

Alternativamente, puede mandar un email a:

esgueva@europe.com